We read the world

寻找救生艇

Looking for a Lifeline

爱尔兰文学特辑

Special Issue on Contemporary Irish Literature

單讀
One-way Street
32

上海文艺出版社　單向空間

出品人	许知远　于威　张帆
主编	吴琦
客座主编	颜歌　彭伦
编辑总监	罗丹妮
编辑	何珊珊　赵芳
英文编辑	Allen Young
设计装帧	李政坷
荣誉出版人	Paradox　昕骐　吴凡
	Shining　朱佳颖　沈欣华
	Amelia 陈颖　陈真
	nobinobi　陈硕　桃二
	Yujie　段雪曦　大风

This book was published with the support of Literature Ireland
本书出版获得 Literature Ireland 资助，特此鸣谢。

《三个爱情故事》

《蛛网》
'The Web'
Copyright © Cathy Sweeney 2015
First published by *New Island* in 2015

《乌龟短论》
'A Short Treatise on Tortoises'
Copyright © Cathy Sweeney 2018
First published by *Banshee Magazine* Issue 6. spring/summer 2018

《安乐》
'Euthymia'
Copyright © Cathy Sweeney 2015
First published by *The Stinging Fly* in Winter 2015

Reproduced by permission of the author c/o Rogers, Coleridge & White Ltd., 20 Powis Mews, London W11 1JN, UK

《所有人都刻薄又邪恶》
Extract 'ALL THE PEOPLE WERE MEAN AND BAD' taken from INTIMACIES by Lucy Caldwell, published by Faber & Faber

《格洛丽亚和马克斯》
'Gloria and Max',
from the Author's work entitled DANCE MOVE
© Wendy Erskine, 2022

《欢迎光临》
'Show Them a Good Time' by Nicole Flattery
Copyright © 2019, Nicole Flattery, used by permission of The Wylie Agency (UK) Limited

《马》
Copyright © Eoin McNamee, 2018 year
Reproduced by permission of the author

《拉思克里丹枪击案》
'A Shooting in Rathreedane',

from the Author's work entitled HOMESICKNESS
© Colin Barrett, 2022

《埋了我父亲你会死吗？》
Copyright © Lisa McInerney 2021
First published in *The Irish Times*, 2021
Reproduced by permission of the author

《基拉里峡湾》
'Fjord of Killary',
from the Author's work entitled DARK LIES THE ISLAND
© Kevin Barry, 2012

《剪影》
'In Silhouette'
Originally published in the anthology
THE END OF THE WORLD IS A CUL-DE-SAC
Copyright © 2021 by Louise Kennedy
Copyright licensed by PEW Literary Agency Limited
through Andrew Nurnberg Associates International Limited

《部分获救者名单》
'A Partial List of the Saved',
© Danielle McLaughlin, 2019

《搅动池水》
Copyright © Jan Carson 2021
First published in *Old Land New Waters*, edited by Edward Ball (Freelands Foundation, 2021).
Reproduced by permission of the author c/o Wolf Literary Services. All rights reserved.

《小旅馆的这日子》
Copyright © Melatu Uche Okorie 2018
First Published in *This Hostel Life* (Skein Press, 2018)
Reproduced by permission of the author c/o Skein Press, Talbot Mews, Vemon Grove, Dublin 6, Ireland. All rights reserved.

诺里奇的冰激凌

我没去过爱尔兰。不过信息时代允许我用其他方式去接近它。

打开手机相册，按拍摄地点来检索，将地图拖到欧洲，找英国东部，在离海岸线不远的地方，有一个叫诺里奇（Norwich）的城市。系统显示我在这里拍过179张照片。也是在这里，我第一次结识了来自爱尔兰的作家。

简·卡森（Jan Carson），后来《单读》发表过她的小说，光看外表是那种毫不在意他人眼光的人，喜欢用各式彩色的东西装扮自己。但一跟她说话，就会立即接收到她的善意和关心，像魔法一样，免除初次见面所必需的社交流程和时间。那时她正在写那种很短的小说，她称之为"明信片故事"，也在BBC录广播节目，给大家讲故事听。那些故事里总有奇异的想象，主角们好像都和她一样拥有魔法，可以做常人做不到的事，而且总是老人、小孩、村民这些平时不惹人注意的人物，秘密地掌握这样的才能。

在诺里奇的时候，我们一同参加了许多讲座和朗读。那是一座非常文学的城市，规模很小，气质清淡，古堡、市政厅、餐厅甚至停车场，无一例外都愿意为文学活动敞开大门。不过多数谈话内容都已在记忆中散失，我只记得土耳其女作家艾丽芙·沙法克（Elif Shafak）一身华服，姗姗来迟，是做专门演讲的嘉宾，她的讲话引得俄罗斯和立陶宛的两位代表针锋相对，非常有政治性。其余时间我就在城里闲逛，没有目的也不需要有目的，照例看看剧场、书店、跳蚤市场这些地方，结果很多店家歇业，好像不打着文学的旗号就哪里也看不成。

又是手机里的一张照片提醒我，一家书店在显眼的楼梯口挂着作家石黑一雄的条幅，因为他是我读过且能认出的知名作家，便拍了下来。旁边印着他的小说《别让我走》里的句子，当时并不觉得有太深的意味，今天读来却正好落在我文章的逻辑里，可以作为完美的引文。他说，"记忆，即便是最宝贵的那些记忆，也会以惊人的速度渐渐消失。但我不会任由它去。对于我最珍视的记忆，我从来不会看着它们消逝"。我一查，就在那一年的三个多月之后，他就得到了诺贝尔文学奖，变得更加有名。

更多的时候我拿记忆束手无策，不知道哪些部分会保存下来。比如，我对简·卡森最深的印象是有一次活动的间歇，她呼啦啦带着一大帮作家出门，我以为有什么精彩节目便跟了上去，一直走到靠近市中心的商业街，发现他们在一个冰激凌摊位前渐次停下，慢慢安静下来，认真思考自己要选哪一种口味。即便我完全不爱好甜食，在那种情形之下，也被一种十分自然的压力所鼓动，觉得必须来一支。这一幕实在很难忘记，但我也不知道记住它又意味着什么。

爱尔兰文学因此流经了我的经历，并且有了一个甜蜜的开始，尽管它非常曲折地发生在一个位于英格兰的故事里。双倍奶油，新鲜牛奶，本地农场种植的水果，小份2.2 欧 ——手机继续为我补充细节。

在诺里奇发给我的宣传手册里，还有一张熟面孔，来自中国的文学编辑彭伦，那张照片里他正在教堂里张望，显得比后来年轻许多。而几年后，中国作家颜歌索性搬到这座城市，真正成为此地文学生活中的一部分。五年之后，邀请他们两位来主编《单读》这本"爱尔兰文学特辑"再合适不过。我愿意相信这是简·卡森笔下的那类故事，在稀松平常的日子里，神秘力量早已埋下伏笔。

此刻我们好像更得习惯这种时空之中的"呼叫转移"，用回忆来代替旅行，用静默来治愈心死，在历史的暗部独自用力。而甜蜜的滋味，不过是最后残存的一点温柔之声，是末日预言里的一支冰激凌。

在《别让我走》的阅读笔记里，我又发现另外一条隐藏线索，或许也是警世预言——"我们好像就这么彼此依偎着，因为这是我们唯一不被卷入黑夜的办法。"故事总是卷土重来，时间一再倒回过去，逆流中的救生艇到底在哪里呢？此时阅读网站也不忘提醒，我读到这本小说的时间，竟然还要再往前数个五年。

撰文：吴琦

2022 年 10 月 22 日

I	故事里的世界	颜歌
001	三个爱情故事	凯茜·斯威尼
011	所有人都刻薄又邪恶	露西·考德威尔
037	格洛丽亚和马克斯	温迪·厄斯金
049	欢迎光临	妮科尔·弗拉特里
087	寂静的纬度	游莉
103	马	约恩·麦克纳米
117	拉思克里丹枪击案	科林·巴雷特
151	埋了我父亲你会死吗?	莉萨·麦金纳尼
163	基拉里峡湾	凯文·巴里
190	游岩	倪芙瑞莲
201	剪影	路易斯·肯尼迪
229	部分获救者名单	丹妮尔·麦克劳克林
255	搅动池水	简·卡森
271	小旅馆的这日子	梅拉图·乌切·奥科里

故事里的世界

去年年底,《单读》和彭伦联系到我,问我是否有兴趣客座主编一期爱尔兰文学特辑。我即刻为这个提议兴奋不已,但又马上感到十分焦虑。我说我并不是短篇小说的评论专家,无法统筹全局,高屋建瓴,仅能根据个人口味做出选择,还有,这一辑能选多少篇小说?三十篇可以吗?五十篇?

就算能选五十篇,面对灿若星辰的爱尔兰当代文学界、那些组成了"爱尔兰文学的黄金时代"的小说家们,我就像个只拿了一只口袋的大盗,站在堆积成巨山的宝物前面,瞠目结舌,不知道该把哪个往袋子里放。

我是在 2015 年搬到了都柏林以后开始广读爱尔兰小说的,归根结底,是为了让自己和身边的世界发生一些联系。我写小说写了二十多年,读小说的时间就更久,因此,比起现实世界,文学世界似乎和我的关系更近——如果我无法从文学里进入爱尔兰,那现实的爱尔兰对我来说就是虚无缥缈、远若幻境的。只有拿起书，读了《死者》（"The Dead"），才觉得阿伦码头（Arran Quay）边上不再只有荒秃秃的红房子，反而充满了小圣诞夜车马往来的宾客欢笑；读了《基拉里峡湾》（"Fjord of Killary"），才发现梅奥郡（County Mayo）酒吧里酒鬼的呓语不再晦涩难解，倒成了末世荒诞的长短句；读了《欢迎光临》（"Show Them a Good Time"），才会在每次开长途车路过马林加（Mullingar）时不再抱怨寡淡的风景和索然的服务站，而是去仔细看这空旷的大地和在这份空洞里寻找意义的人们——对我来说，只有通过爱尔兰的小说，现实的爱尔兰才变得具体而意味深长，现实中人的话语才音律飞扬。

这片土地被剥削和压迫了多年，这里的人永远都在苦难里爬行，永远在忏悔自己的罪，祈求无法降临的救赎；与此同时，他们又以无与伦比的方式向外敞开着自己，去感受，去表达，滔滔不绝，醉话连篇，诅咒，歌唱，吐出来最是引人捧腹又催人落泪的句子。

在某种程度上，这是一个诗人的国度，因此，也是短篇小说家的国度——整个爱尔兰岛上到底有多少人在写作，具体数字不详，但是作家所占的人口比例一定是惊人地高。

刚刚过去的七月，在西科克文学节（West Cork Literary Festival）上，我在本地酒吧遇到了刚刚被任命为《刺人虻》（*The Stinging Fly*）新主编的莉萨·麦金纳尼

（Lisa Mclnerney）。她跟我讲起她来之前终于看完了夏季刊的征稿。这次征稿特别面向之前没有发表过作品的文学新人。"我本来以为不会有多少稿子，"莉萨跟我说，"你猜猜我们收到多少份短篇小说？"

我摇摇头。

"一千两百多份。"她说。

而她需要从这一千两百多份投稿中选出十四篇来发表。

"不可能的任务。"莉萨叹口气，嘬一口啤酒。

这一次给《单读》编爱尔兰文学特辑的任务，虽然不如莉萨的任务那样不可能，但也谈不上轻而易举。我的想法是选一些新的、之前没有在中文世界被介绍过，或者相关信息还很少的作家和作品；此外，比起那些因为强化爱尔兰的刻板印象而在海外得到广泛传播的作品，我更愿意选一些在本地的文学读者里受到推崇的作品——但这样的选择思路也可能会带来一个难题。

"很多爱尔兰作家尤其喜欢用本地话、土语，甚至自己造些新词，所以我感觉翻译起来可能会很有难度，我是应该选一些好翻的，还是就选我喜欢的？"我问彭伦。

"就选你觉得好的，翻译的问题我们来解决。"彭伦说。

得到了这样的保证，我第一个就把凯文·巴里（Kevin Barry）的小说放上了我的单子。凯文·巴里是爱尔兰最具影响力的当代作家之一，他充满了方言、俗语、粗话的文学表达深深影响了现在爱尔兰的青年写作者，也是西爱尔兰作家群体中的核心人物。

一直以来，我总是偏爱西爱尔兰的作家。他们的故事总是发生在凄风苦雨的斯莱戈（Sligo）、梅奥、戈尔韦（Galway），故事里的人讲话总是带着浓烈的口音，有挣扎，有绝望，有暴力，总是一片似乎要摧毁一切的黑暗，而这黑暗里仅有一丝若有若无却引人入胜的光亮。凯文·巴里是这样的，莉萨·麦金纳尼是这样的，科林·巴雷特（Colin Barrett）和约恩·麦克纳米（Eoin McNamee）的故事也被这奥克斯山脉（Ox Mountain）下的同一片土地所孕育。

古来是流放犯人的康诺特省（Connacht），树木都被大西洋的狂风吹得斜着长，这里的作家也用各自的天才手段呈现出一个个扭曲的、迷幻的、光怪陆离的文学世界，在这样的世界面前，我们只能通过改变站立和观看的方式来和它们保持平行，而当我们结束观看，回到本来的世界的时候，才发现自己已经被这些故事改变了，眼睛里满是离奇的锐角。

说到离奇，就不能不说到凯茜·斯威尼（Cathy Sweeney），这个来自都柏林的作家把现代都市人的纠结、无聊、空虚写得入木三分。我开始看斯威尼的作品是因为有一次我和她的女儿,同样也是作家的露西·斯威尼·伯恩(Lucy Sweeney Byrne)一起做活动,主持人提到了伯恩妈妈的短篇小说集。

"我在书店看到那本书,"主持人说,"便拿起来翻了翻。第一句就把我震住了,我到现在都还记得:从前有一个女人,她太爱她丈夫的鸡鸡了,就开始把它装在午饭餐盒里带着去上班。(There once was woman who loved her husband's cock so much that she began taking it to work in her lunchbox.)"

不用说,活动结束之后我即刻下单了斯威尼的书。

凯茜·斯威尼擅写超短故事。这个集子里的三个故事是我选出来的,拿去问她要不要取个名,她就说不如叫《三个爱情故事》("Three Love Stories")吧,我忍俊不禁。"爱情"这个词她点得实在是绝妙,充满了反讽。不用说,她的故事们是借"爱情"之名写生活的荒诞和人与人之间的不可交流,换言之,是"反爱情"。同样"反爱情"并有一个绝妙标题的还有露西·考德威尔(Lucy Caldwell)的《所有人都刻薄又邪恶》("All the People Were Mean and Bad"):疲惫的母亲、总是缺席的丈夫、令人窒息的长途旅行、哭闹的女儿和怀着不明善意的陌生男人,第二人称的叙事,正像是孤索的女主角在喃喃自语——读这些故事，我总是忍不住想起一个王小波式的问题：到底人生中的相遇是看似毫无意义，实则意味深长；还是表面上充满深意，本质却毫无意义？

妮科尔·弗拉特里（Nicole Flattery）的《欢迎光临》和温迪·厄斯金（Wendy Erskine）的《格洛丽亚和马克斯》（"Gloria and Max"）从不同的侧面来讨论这个存在主义的问题。这两个故事看似说的是个体人物的相遇，实际上又各自映着大时代的阴影：在弗拉特里的故事里，是晚期资本主义的都柏林；在厄斯金的故事里，是"北爱尔兰问题"（The Troubles）之后的贝尔法斯特。

贝尔法斯特，光是这城市的名字本身就充满了紧迫和张力。"有人说我们这些人只会写'北爱尔兰问题'，但只要是一个北边的故事——不管故事里面到底发生了什么——哪儿可能和'北爱尔兰问题'无关呢？"我的一个北爱尔兰的作家朋友有一次对我说。

"北爱尔兰问题"是爱尔兰岛上一个巨大的伤口，这伤口被切得太深，腐烂、疼痛得太久了，就算是在《贝尔法斯特协议》之后被打了麻醉剂、缝合了起来，才刚刚要开始愈合，又重新被脱欧的种种波澜撕扯开，汩汩流血。

路易斯·肯尼迪（Louise Kennedy）的《剪影》（"In Silhouette"）写的就是这样一个满是鲜血的故事，一个家庭的破灭，从一个女孩到一个女人，失去兄长，寻找一份似是而非的爱情。第二人称、现在时，把过去和现在，伦敦和北爱尔兰织成了支离破碎又交错相连的一卷。

同样是一个破碎家庭的故事，丹妮尔·麦克劳克林（Danielle McLaughlin）的《部分获救者名单》("A Partial List of the Saved")则像是一出轻喜剧，然而，当这轻喜剧发生在北爱尔兰，却有了更多的意味。故事里面没有人死去，但他们的旅途的背景中却满是亡灵：泰坦尼克号的遇难者；被镇压爱尔兰独立运动的英国部队杀掉的爱尔兰人，他们的铜像在乡道边立了将近一个世纪。

也是在贝尔法斯特，简·卡森（Jan Carson）的笔下栩栩如生的是这座城市里的劳动阶级和底层人民，他们都在身体和精神的疾病里煎熬着。他们找到的救赎是一个从波兰移民来的姑娘，传说，跟在这外国姑娘的身后跳入泳池里，就会有奇迹发生。

在这辑的最后一个故事里，我们将回到都柏林，却发现梅拉图·乌切·奥科里（Melatu Uche Okorie）所写的都柏林和我们从凯茜·斯威尼那里所读到的那个城市大相径庭。一群来自非洲各个国家的难民聚集在都柏林的临时安置所里，煎熬、焦虑，而又无比鲜活。奥科里这个"新爱尔兰人"作家在《小旅馆的这日子》("This Hostel Life")里一开头就干了件非常爱尔兰的事——拿自己人开涮：

"你知道呐些个尼日利亚人的,他么时时刻刻都想干仗。"像所有其他卓越的爱尔兰作家一样,在奥科里的故事里,英文作为文学语言被拆开解构,又以有机的、地道的方式组合,再响起来,让我们听到众生的声音,各有特色、轻重、乡音,相互间顶嘴、骂架、揶揄,通篇喧杂却又声声入耳,句句都写在又痛又深的现实里。

2017年的夏天,我推着刚刚满月的儿子到都柏林卡布拉(Cabra)的一间诊所,准备给他打预防针。在候诊室里等待的时候,我的手机里忽然收到了一封邮件。写邮件的人是露西·考德威尔,她说她从《爱尔兰时报》(*The Irish Times*)的文学编辑那里得到了我的邮箱,希望我不要介意她冒昧地来信,她说她正在着手编辑下一年的费伯爱尔兰新小说集(*Being Various: New Irish Short Stories*),准备收入总共二十一位现在爱尔兰文学界的代表性作家,她又接下去说:"作为小说集的编辑,我想要重新思考'爱尔兰作家'到底意味着什么,也很想去拓宽这个概念,这概念应该包含出生在爱尔兰但成长于别处的作家,从别处来但选择以爱尔兰为家的作家,也包括那些不知怎的发现他们自己就住在了爱尔兰的作家。因此,我特别希望你能给这小说集写一篇小说。"——当时,我一手抱着不断扭动的婴儿,另一只手握着隐隐发烫的移动电话,不确定自己是否因为过度缺乏睡眠而产生了幻觉。

"'爱尔兰作家'到底意味着什么?"(What does it mean to be an Irish writer?)好几年以后,编着这一期爱尔兰文学特辑,我的脑子里回响起来露西当时问的这个问题。我应该以什么准则、什么要求——如果我有这个资格的话——去选择收入这一辑的作家和小说呢?

在我看来,爱尔兰作家都和英文有着复杂的关系,从乔伊斯开始,他们就总要颠覆和解构这原本来自殖民者的语言,把它变得本土,古怪,自我,满是新意;爱尔兰作家们都是创造声音的高手,叙事声音也好,对话也好,句句都有棱有角,栩栩如生;爱尔兰的作家爱幽默和讽刺,不管故事的底色如何苦难压抑,他们永远都可以苦中作乐,让你大笑出声;爱尔兰作家也很会抒情,虽然他们一般不轻易这么干,但一旦抒起情来,一定是要"山无陵,天地合"的——多年了,每次想起《死者》的结尾,我都要流下泪来。

归根结底,爱尔兰的小说家和天下所有的小说家一样,其实是最我行我素的。当小说家进入他们的故事里,开始写作的时候,一切别的事物,包括他们自己在内,都变得不重要也不存在了,唯一要紧的只是眼前的故事,故事里的人物、风景、世界不断扩大,充实着物品的细节、声音的余韵、植物的触感,将最终覆盖并取代小说家肉身所在的、所谓真实的世界。

现在，是进入故事里的世界的时候了。

撰文：颜歌

2022 年 8 月，英国诺里奇

I was drinking schnapps in a bar with a woman who used iodine instead of lipstick to redden her mouth. When she spoke the skin between her breasts folded and unfolded like paper. I remember nothing else, except the story she told me.

三个爱情故事

撰文　凯茜·斯威尼（Cathy Sweeney）
译者　周嘉宁

蛛网

我在酒吧和一个女人一起喝金酒,她用碘代替唇膏涂红嘴唇。说话时她双乳间的皮肤像纸一样折叠和展开。除了她告诉我的故事,其他的我什么都不记得了。

女人十四岁时爱上她父亲店里的一位店员,但不被允许与他结婚,因为他很穷。于是她嫁给了一个比她年长三十岁的男人,那个男人性格沉闷,没有人怀疑她仍然爱着那位店员。女人与老男人在一起并非不幸福。夜晚她坐在他腿上织披肩,而他假装没有涌起性欲。他们有一个孩子,老男人很感恩。

多年以后店员回到镇上,寄了便条给女人。他们在旅馆见面。女人脱下衣服,意识到她老了那么多,而房间那么冷。他们做爱,之后女人回到家里,把脚放在老男人的大腿间取暖。

我也有一个爱情主题的故事。那天晚上我也许在酒吧里和红唇女人讲了我的故事,但我想应该没有,她在我身边坐下时我已经醉了。我在这方面不同寻常。喝酒让我沉默寡言。反倒是清醒的时候我得小心。

我的故事与我已故的妻子有关，故事发生在炽热的夏天，野草肆意生长，树木在无尽的梦中渗出汁液。黑暗的巷子里，蜘蛛织出坚硬的蛛网。天气太潮湿，我刮去体毛，脱下全部衣物，刹那间宇宙像是贴在冰箱上的磁铁。但一切都不持久。夜晚之后是白昼：夜晚，然后白昼，夜晚，然后白昼。我十九岁，已婚，爱得发狂。

我们的厨房里结了一张蛛网。起初织轴聚集在木头裂开的孔洞里，但很快粗粗的丝线沿着干燥的砖块向四周辐射。到了仲夏，我得灵活地绕过它去煮咖啡。蛛网显示出巨大的变化，但我不知道是什么。

后来我妻子被困在蛛网里。我说过，我们爱得发狂，我渴望看到她的方方面面：冷静的一面，小猫的一面，被绝境逼疯的一面。于是我把她留在蛛网里。唯一的问题是她的嘴；嘴动个不停。词语在厨房里撞来撞去，像刀子戳盘子。第二天我受不了了，在她嘴上贴了灭蝇纸。灭蝇纸的两面都是黏的，她嘴上很快就盖满了葡萄干似的僵硬的小苍蝇。

夜晚我走在街上思考把妻子困在蛛网里的意义。这个念头在构思时那么明亮热烈，却渐渐趋于灰暗，而那些夜里河流的静谧抚慰着我。微弱的光线下，只有驳船扰动着宁静，黑暗的河流与黑暗的陆地不可分割，夜晚像玻璃一样寂静。

我的妻子越来越疯狂,到了第五天,我解开她,喂她喝鸡汤。她很快恢复了体力,对我的爱变得更为炽热,给予我期望为之付出代价的快乐,也给予我痛苦,她养成了狠狠打我嘴的习惯。有一次,我的牙齿边缘磕破了她的嘴唇,她亲吻了我们之间温暖酸涩的血。在我们剩下的时间里,也有过其他很多次幽会,但没有哪次像蛛网那么成功。

我心爱的妻子几年后去世了。她被一辆电车撞倒,距离我遇见红唇女人的酒吧不远。我在深深的绝望中试图鼓励蜘蛛在我们的厨房里再织一张网,让我能重温旧梦,但是蜘蛛吃了我漏在外面的糖,毫不优雅地死了。

乌龟短论

世上有各种不同的乌龟,但我脑海中的那只是木箱大小,和小驯鹿一般重。它有温柔的黑眼睛和坚硬的外壳。当你抚摸龟壳甚至轻轻拍打时,或许没有意识到,但龟壳有神经末梢,对触碰很敏感。龟壳的某种特性让你忍不住想要触碰,即便摸起来干涩粗糙。可能是因为乌龟无法快速移动,尽管它们据说很擅长赢得比赛。也可能我们就是喜欢触碰古老的东西,像是古树或者废墟的石头。再或者是因为乌龟能保持长时间静止不动,而静止不动的东西给予我们一种永恒感。

即使天气炎热,乌龟也不能脱壳而出。它的一生都被困在壳里,对于乌龟来说,这可能超过一百年。它能做的只是把头从外壳的洞里钻出来,用裹着土灰色皮革似的脚爬行。要是你见到一只没壳的乌龟,那你就是在做梦或者嗑了药。我见过一次。它的皮肤像鸡一样,能看到它身体的每根骨头和每个关节。它让我想起我年轻时认识的一个男孩。我记得他赤裸地站在河边,他的身后,蓝蓝的天空中飘浮着巨大的云。

和人不同,乌龟不会游泳。它们只是在水里长时间屏住呼吸。另外,当它们冬眠时,会完全停止呼吸。而另一方面,人又可以很像乌龟。几年前,我遇见年轻时认识的那个男孩,我们去旅馆做爱。他不再瘦骨嶙峋。他的身体周围已经分泌出一个坚硬的外壳,由脊椎、胸腔和骨盆融合在一起组成——就好像他的器官,特别是他的心脏,无法忍受人类的触碰。这个外壳对触碰不敏感。我既和男人做爱也和女人做爱,我发现随着人们年龄增长,身体被紧紧的外壳包裹是很常见的。

乌龟喜欢机械的噪音——快门,闪光灯,铃声和蜂鸣器——但它们目前最爱的是打字机的噼啪声。这是有一年夏天我住在乌龟保护区旁边时发现的。我坐在花园的一棵桉树下写小说,只为了取悦我认识的一只乌龟,那是只老龟，我给它取名叫乔，因为我一直喜欢乔这个名字。那部小说还算成功。写的是一个男人发现了一个有氧气的星球，于是决定独自生活在那里，但因为没有性生活而发了疯。

乌龟有公有母，但与人分男女还是有很大不同。十七世纪有一个科学家用乌龟做实验，发现如果把乌龟的大脑取出来，它还能活几个月，如果把头切掉，还能活几天。很容易想象没有头的乌龟。你只会以为那只乌龟害羞，尽管你可能会想念它温柔的黑眼睛。它们让我想起我年轻时认识的一个男孩的眼睛。或许我应该在他皮肤还单薄的时候嫁给他。我们等啊等，但很少有更好的东西出现，而且无论如何，让些东西生活在你身边总是愉快的。

安乐

我父亲去世后，我渴望宁静——不是那种温柔的宁静，而是心灵的沉稳坚定——也就是希腊人所说的安乐。我父亲是个空洞的人；他用填充物充实自己，但最终我能从他的眼睛直接看透他的颅骨。夜晚他呼吸的波浪敲打我的房门，早晨我清理床单上的唾液。

德谟克利特是第一个写安乐的。他将之解释为一种存在状态，灵魂从一切欲望中解脱，并与其所有部分统一。

德谟克利特相信安乐应该成为我们人生所做的一切的终极目标，这就是为什么我要和你谈论我的情人，但先让我说说这个。我把父亲的头抱在腿上，仿佛那是一个黄金婴儿的脑袋。时间流逝。我在床上、沙发上和马桶里找到填充物。时间流逝。我吻他的时候屏住呼吸。时间流逝。我的眼睛变成狼眼。时间流逝。我幻想死亡；有时候是他的，有时候是我的。时间流逝。一切消失。

我父亲去世后我去见了一位牧师。牧师告诉我除非过一种有德行的生活，否则没有人会幸福，不是因为德行本身是好的，而是因为德行导向没有痛苦的状态。这个我不知道。他还说很多身体愉悦会带来痛苦。这个我知道。我小时候咬过一口玻璃杯，嘎吱嘎吱嚼成上千个红色碎屑。牧师的手很温暖，但他触碰我的时候，我的肚子叫了起来。我没有吃东西。

我会告诉你更多有关安乐的事，但先让我说说我的情人。他是个老头，克己守己。他的头发是白色的，眼睛是唯利是图的蓝色。他住在沼泽地的一栋平房里，房子是照着一本书里的方案造的。这是世界上最糟的住处。门周围的砖墙是长颈鹿脖子的颜色，所有房间都朝北。门口堆满垃圾。我第一次走进这栋平房，我的情人抓住我的头发，把我当作男人那样和我做爱。结束以后他换了床单，塞好四个角，我背对着他睡过去，痛得钻心。

我遇见情人之前,沉迷于欲望之舞,无法区分清醒的生活与梦境。我不快乐。那是谎言;有时候我很快乐,而且能持续好几年;但是之后我又会不快乐起来,并且归咎于欲望之舞;接着我爱上这支舞,以我们爱上不喜欢的东西时那种凶残的方式。我父亲去世以后,我想要与死亡和解,这时安乐起了作用。我会告诉你的,但先让我再说说我的情人。

我每两周去一次平房,在那里待两个小时。我到了以后,我的情人会定好计时器,然后我们在客厅的地板上做爱。地毯是绳编的,我的膝盖和下背部都留下摩擦的痕迹。我观察着沙发底下的灰尘和踢脚线脱落的油漆。我的情人对于我是女人的事实毫不妥协。有一次我说话太多,他打了我的脸,让我流了鼻血。当然,身体的痛苦并不总是让我愉悦。我曾经大叫,"你怎么敢!"还有"混蛋",然后冲出门去,直到我的情人咬住我的乳头,它们变得像莓果一样黑。

我的情人坚持要我达到高潮,因为他讨厌欠任何人任何东西。当他的手指在我的身体里忙活时,他目不转睛地盯着我;他不会容忍谎言。结束以后我平静下来。我的思绪都是完整的句子。如果还有时间,我们便一起坐在厨房里喝咖啡。马克杯上的图案残缺,窗户污迹斑斑。我给我的情人讲报纸上的事情,接着闹铃响了,我起身离开。我快要说到有关安乐的事情了。

我最后一次去平房时,我的情人病了,我独自坐在厨房里。厨房很旧,贴着胶合板,天花板的角落霉斑点点。一切都井井有条,我的情人把盘子堆在水槽旁边,糖袋紧紧地压在最上面。我做了咖啡,尝起来像他的呼吸。他没有烤面包炉,我用烤箱烤了面包,烤箱呼呼响,我担心会打扰他。没有黄油,于是我涂了果酱。我拿了一些咖啡和面包给我的情人。他吃了面包,我离开的时候,听到咖啡渗过他的胸口。

现在我要和你谈谈希腊人所说的安乐。夜晚我在城市的街道漫步,金属般的云朵遮蔽住天空。它们的情绪里蕴含巨大的重量,但像幡状云,永不会落到我身上。我拥有宁静,不是温柔的那种,而是心灵的沉稳坚定。

Two weeks after your cousin dies, you're on a night flight back to London from Toronto. Your daughter, at twenty-one months, too young for her own seat, but too old, really, to be on your lap, is overtired and restless.

所有人都刻薄又邪恶

撰文　　露西·考德威尔（Lucy Caldwell）
译者　　刘伟

你表姐去世两周后,你坐夜班飞机从多伦多回伦敦。你女儿累过了头,焦躁不安,她二十一个月了,对那个飞机座椅来讲她太小了,但坐在你腿上又太大了。你的手机没电了。没了动画片,当飞机滑行复等待,等待复滑行,朝跑道和起飞点挪动的时候,你能逗她玩的东西只剩下临行前你姨妈送给她的那本书,来自姨妈的教会,讲的是挪亚方舟的故事,专为学龄前儿童绘制,是教会自筹资金出版的系列丛书的第一本。

书里说,所有人都刻薄又邪恶。除了挪亚。挪亚是好人,因为他是好人,所以上帝救了他。

你讨厌这本书。

我们现在看看动物好吗?你问,但你女儿说,不要。她喜欢动物,但她更喜欢眼前这几页。在一整张跨页中,刻薄又邪恶的人们正做着刻薄又邪恶的事情:他们互相扯着头发哈哈大笑,拿弹弓和投石器瞄准对方,嘟嘴挤脸,皱着眉,吐着口水,跺着脚。你挨个指着他们,一一说出他们的劣行。你女儿做出夸张的鬼脸,开心地笑了。

好了,我们来看动物,你坚定地说,翻开下一页,但是你女儿把头往后甩去，号啕大哭。

对不起，你对坐在旁边的男人说——这个男人真不幸，这趟航班剩下的七小时三十六分钟，他都得坐在你们旁边。唯一的、微乎其微的安慰，就是要比来程少花整整半小时。

没关系，他说，然后他又开口说，他能理解，因为他也有孩子，两个儿子。他没必要说这些，因为他已经对你很友善了，他帮你把旅行袋放上头顶的行李架，又从你脚边塞得乱七八糟的手提袋里取出学饮杯、玩具兔子、哄孩子的白巧克力豆，最后还有那本书，甚至还站起来请空姐去配餐室帮你冲洗了奶瓶——但你女儿的哭声越来越大。你抱歉地冲他做了一个痛苦的表情，他回以微笑，然后体谅地移开视线，好像根本没什么可看的。

好了，你对女儿说，她满脸通红地哭号着，好了，别哭了，**玛蒂尔达**，嘘……你遏制住猛晃她或者自己也大哭一场的冲动，转过身，深吸一口气，又开始读起来：**所有人都刻薄又邪恶**。

书里有一页是你喜欢的：蓝色的一页，只有蓝色，只在最右上角有一个小小的方舟。

没有文字，什么都没有，只有突如其来的令人眩晕的视角；所有落下来的雨的重量。你想，这是整个故事中唯一可信的画面。

整个起飞过程中你女儿都扭动着大哭，但当飞机飞到平流层、安全带指示灯熄灭、客舱服务开始的时候，她终于在你胸前睡着了，你抱着她，沉重而温暖，软塌塌的，四肢摊开，当她的呼吸震颤、逐渐变得绵长时，你也闭上了眼睛。还剩七小时零三分钟。只有三千英里多一点。你飞越的好像不止时间和距离。离开伦敦像是上辈子的事。这将是你和丈夫分开时间最长的一次，也是迄今为止他见不到蒂丽[1]最久的一次。

蒂丽出生后，你跟他去过两次拍摄：一次去都柏林，另一次去开普敦。但情况跟你们两个人想的都不一样，肯定称不上度假：设法在不熟悉的环境里安抚一个婴儿，没完没了地一个人独自走来走去；又或者躺在旅馆房间中努力入睡，暗自等着他回来。每次都有一个司机供你差遣，但要开去哪里呢？到了那里又能干什么？到了最后，你感觉比独自和蒂丽待在家更孤单，这样的两次旅行之后，你就再也不去了。

---

[1] 玛蒂尔达的昵称。

你想起了最初的一些分离，你，或者通常是他离开的时候；想起了火车站或者下出租车时的那些重逢，你感觉多么奇怪又心生怯意，心想他会不会和你记忆中的样子有所不同，或闻起来味道不对，有好多次，一开始，你几乎不敢直视他的眼睛。看在蒂丽的分上，你曾试着每天通话：开普敦比多伦多早六个小时，所以你每天晚上在蒂丽上床的时候打FaceTime，他那里正是午夜，但他必定都醒着，不是跟工作人员一起喝酒，就是试图在已然满满当当并且险象环生的拍摄期间解决更多问题。

你尽量不把这次过长的分离当成一次分离；或者一次测试。

你妻子需要什么吗？空姐的声音，你睁开眼睛。

哦，你说，我们不是——他刚好也开口说，哦，我们不是——然后他咧嘴笑了。

我想，他说，她也需要来杯金汤力？你笑了，说，好的，谢谢你，听起来不错。空姐铲起一勺冰块，放入柠檬，打开那个小绿瓶，用熟练、老道的动作掀起罐子的拉环，他从空姐手里接过来，放到自己旁边的小桌板上。

谢谢你，你再次说，然后转移女儿的重心，腾出一只手，从他那里接过杯子。

干杯，他说，他的鼻音让这个词听起来像有两个音节[1]，就像你的鼻音，你也回以差不多两个音节的"干杯"，你们碰了一下杯，抿了一小口。

敬所有睡着的孩子，他说。你说，听我说，我真的很抱歉。他说，有一次，我一个人带双胞胎坐飞机，那时他们刚满三岁，从温哥华到悉尼，在洛杉矶转机，哦老天爷啊。

一个人带双胞胎，你说。他接着道，是的，我妻子不在，保姆生病了，那就像一场糟糕的滑稽戏，我不希望任何人经历那样的旅行，他沉默了一会儿，说，就在我们到达前一个小时，我姐姐去世了。然后他说，对不起。

我表姐刚去世，你说，我很多年没见她了，但有段时间，她就像我的亲姐姐一样。

我很遗憾，他说，我也很遗憾，你同时说道，一个很多年没说过话的表姐跟亲姐姐肯定不一样，虽然悲伤没有真正的衡量标准，但丧失一定有层级之分。

你们再次碰杯，然后抿口酒，这次带着几分黯然，最后终于停止了眼神交流，各自看向别处，有那么一会儿，你们都没再说话，直到他说，那是二十年前的事了，你没作声，说什么好呢？

---

[1] 原文为Cheers，这个词只有一个音节。

烈日炎炎，蓝天高远，穿T恤的天气，树叶刚刚发芽，一个没心没肺的完美日子。凉爽而静谧的墓地教堂，对多伦多来说算得上古老，由约翰·G.霍华德设计并修建于1842年，你读到。白砖和乔治敦风格的石材，内嵌式柳叶刀窗户和陡峭的斜面屋顶，加拿大哥特复兴式建筑的典范。在小小的门厅里，你的手机里响起了《嗨! 道奇》[1]细声细气的蓝草音乐——松鼠们一次次来到幼儿园为嬉皮兔烤胡萝卜蛋糕，爱激动的小河马罗利、被一对大象收养的鳄鱼海皮、在老爸的橙色小潜水艇里滚来滚去的章鱼贝蒂，还有老鼠诺丽和犀牛塔格，都高高跳起来扑到道奇怀中，这让蒂丽高兴极了。而在教堂中殿，牧师领唱圣歌，前来哀悼的人们跟着唱诗，站立，坐下，吟唱着，哀泣着，你的表姐已不在人世。

我们终将化作灰烬与尘土，你想，但对她而言这已是现实：在你们拉到一起的睡袋里，她用温暖而结实的身体紧紧贴着你，向你倾诉她和一个男孩接吻的事；她穿着红绳边的蓝色短裤，黝黑的长腿一步跨过两三级台阶；她给你们俩文身，那时你十二岁、她十四岁，用她圆规的尖头和你黄色派克钢笔的一囊墨水文在胯骨下面，这样你们

---

[1] 《嗨! 道奇》(Hey Duggee) 是一部英国幼儿教育动画片，讲述狗狗老师道奇 (阿奇) 和他班里五个动物小朋友犀牛、老鼠、章鱼、鳄鱼、河马的故事。

的母亲就看不见了，直到今天，那里仍留着一团蓝色的痕迹。

你想着所有这一切，想它们怎么可能就这么全部消失了；而消失如何让这一切，所有这一切，感觉不再真实，人们不再了解彼此，不再真正相爱，婚姻是失败还是原本有可能维持变得不再重要；而这一切怎么可能不重要呢？

餐车来到你身边。你没办法在熟睡的女儿上面打开小桌板，于是他把你的餐点也放到自己那边，两个小托盘并排在一起。

要不要我帮你切开？他说。他帮你撕开面包卷，抹上黄油，叉起鸡块，就像你会为蒂丽做的那样。你尴尬地笑了。

你只吃了几口，就觉得这一切实在太过头——这个陌生人在喂你吃饭，这诡异的亲密感。

我没事，你说，其实我不怎么饿。这是实情，你已经有段日子不觉得饿了，不仅仅因为时差，或者表姐之死带来的最初的惊愕，而是有几周的时间了，甚至可能几个月了。你知道你在变得消瘦，你把它抛到一边，将其归咎于追着一个学步的孩子跑，你已经努力强迫自己进食了，为了你自己，同样也是为了她。但你体内的空洞感、你腹腔神经的疼痛，让所有饥饿都消失不见，你感觉马上就要轻飘飘地脱离这个世界，这种感觉是模糊的、虚幻的，好像你可以一直这样漂浮下去；好像你不是真的存在，或者不需要存在。有时，你想，你女儿是唯一一个感觉真实的人，因为她刻不容缓的需求是如此紧迫、如此无可争议。

你是做什么工作的，他问，好像正在猜你的心思，全职妈妈？你说，不，我是名建筑师，然后又补充道，至少曾经是，因为实际上，除了没完没了地推着婴儿车在大街上晃荡拍照，你眼下还有什么事打发日子？你甚至不用单反，只用手机拍下一整屏一整屏的石材细部和釉面砖外立面，幽影广告[1]和木纹混凝土，宽大的安妮女王风格框格窗或者用来固定百叶窗的小小胡格诺半身像，甚至没有任何理由，甚至不再费事把它们上传到笔记本电脑。

你说，从十一月开始，蒂丽满两岁的时候，托儿所会有个名额：一开始每周三个上午，等她习惯了再加上下午的时间。你丈夫说你应该承接一些私人住宅的业务。给邻居们发发传单。Loft改建或扩建，一些能让你忙起来的事，让你重新拾起工作。最近，他开始说你可以成立自己的事务所，好像他仍对建筑一窍不通似的，尽管你们都结婚这

---

[1] 原文为ghost sign，指久远的手绘广告标志，因为在建筑物上保存时间过长而变得残缺褪色。

么多年了。但另一方面,他也有几分道理:你还能用什么打发日子呢?

他点了点头,听着你说,你发现自己继续说了下去。

再生一个孩子当然顺理成章,作为独生女,你极其渴望蒂丽能有一个弟弟或妹妹。但是,每次你们讨论起来,关于孩子,关于工作,关于接下来的事,你都深感疲惫。一种渗入你骨髓的疲惫,或者说来自你的骨髓。劳筋苦骨:曾经,当一个词或一个短语实现了完美契合,其中的数学逻辑会令你感到一种愉悦;但现在,生命中第一次,你只感觉自己老了。

你突然停下来,以为他会笑,但他没有笑。

我五十六了,他说,心情不好的时候四舍五入相当于六十岁,我离婚两年了,儿子们差不多二十四岁。

你意识到你一直在试着猜出他的年龄。

五十六,你说,不是故意要说出声,他抬了抬手,表情突然有点尴尬。

我不是,他说,我知道我不是二十四岁,但在很多方面,我觉得自己仍然是。

我明白你的意思,你说。你是不是感觉,或者认为自己跟那时没有任何不同?

我认为,他说,我们没有真正改变过。

你觉得人不会改变,你说,或者不能真正改变?

我觉得人会改变,他说,当然,只是本质上更像他们自己。

你不知道这种想法给人的是安慰还是深刻的悲伤。

你说,如果我们永远不能真正重新开始,或者变成另一个人或更好的人,我不知道,那希望何在呢?

他耸耸肩,笑了。每一刻,我猜,他说。每一个时刻,此时此刻,就是我们拥有的。

那就是我们拥有的,还是我们拥有的一切?

可能两者都是。

上大学时,你身边一个女孩嫁给了一个比她大二十五岁的男人,严格来说比她大一倍多:她二十四,他四十九。在此之前,她跟大学的一个男孩订过婚;他是蓝色荣誉获得者[1],某个角度说是十分般配的一对。所有人都无法理解。你跟她不是很熟,但有一次,不晓得为什么,你们一起喝醉了,她开始大哭,说这个世界上最孤独的事就是跟一个人躺在床上,却渴望拥抱你的是另一个人的手。

---

[1] 在某些大学,运动员在最高水平的比赛中胜出会获得蓝色荣誉。最早始于牛津和剑桥大学,后来也流传至英国、澳大利亚、加拿大的其他一些大学。

他们几乎立刻生了一个女儿，比你任何一个大学同学生孩子都要早得多，那孩子现在肯定已经十几岁了。那个醉酒的夜晚之后，你们又联系了一阵子，婴儿出生时，你从一个小孩衣服价格堪比大人衣服的地方买了一件礼物，一个荷叶边的小围兜，收银员像表演似的，用颜色极淡的柠檬图案包装纸把它包起来。

你只去过他们家那一次，因为你在那里感觉很不自在。他们拥有一瓶瓶芍药，酷彩平底锅，磁力刀架上放着精致的、刻了字母的刀具，不同型号的葡萄酒杯用来喝干红或干白；你去婴儿房经过的那张大床上铺着大片白色亚麻床品，还有客卫，香皂是刚割完草的味道。现在回头看，那房子也不是那么不同寻常——只是肯特镇一条街道上的普通排屋——但当时的感觉，却像在某对时髦的英国父母家中，那时你想，多奇怪啊，这一切，此刻，就是她的生活，直接跨过一室户、合租房、分隔糟糕的维多利亚式房屋以及方方正正的共有产权首套公寓，实现了质的飞跃。

但最令你震惊、或许也最令你不安的，是她一心扑在他身上：好像除了两人之间的一切——愤怒，或者争吵——之外，再也没有别的奢望了。在你看来，那是一种令人疲倦的生活方式，尽管你现在觉得，或许根本不是那样，而是明白了他们在生命中相遇太晚了，至少对他而言太晚了，无法不计后果或任性而为。他们爱得谨慎而温柔，不是因为他们不爱，而是因为他们确实以一种放弃的方式爱着对方。

现在，你自己也拥有了力多葡萄酒杯和达丁顿水晶香槟杯，还有日本刀具以及一把精美的磨刀器，有时甚至也会买一瓶瓶芍药，或者至少有一个花瓶里是。这一切都是从哪里来的？那些从酒吧顺手牵羊的加厚的、标有刻度的新奇烈酒杯和红酒杯，再到今天这一切，你是如何不知不觉进化而来的？你是如何从你的"先锋"[1]父母那里走出了这么远的？他们在圣诞节或婚礼上喝施乐尔[2]，他们保存的唯一一瓶蓝色哈维斯雪莉酒是为了迁就你祖母。一场属于你自己的婚礼；跟一个在圣诞节、生日和周年纪念日都出手阔绰的制片人结成的婚姻。然而，你无法摆脱这种感觉：这一切都是悄然降临在你身上的，你从未渴望或要求过，你也从未感觉和二十九岁、二十七岁，或者，是的，和二十四岁时有任何不同。

---

[1] 原文为 Pioneer，指圣心先锋完全戒酒协会（Pioneer Total Abstinence Association），是一个由罗马天主教徒组建、倡导绝对禁酒的国际性组织，总部位于爱尔兰，其成员被称作Pioneer。
[2] 施乐尔（Shloer），流行于英格兰和爱尔兰的一种果汁型饮料。

我能问你个问题吗？他说，你莫名其妙紧张起来，说，当然可以。

他捡起已经掉在地板上的那本书，翻开它。

你真的相信——呃，这个吗？他说。人刻薄，又邪恶，或者——换个更准确的说法——人都是该死的？

他看了一会儿"那些刻薄又邪恶的人"，然后合上书，伸手把它塞回你的手提包。

我从小就被教育相信这一切，你说。上帝和挪亚，大洪水，方舟——我从小就相信这是朴素的真理。相信世界有六千年的历史，魔鬼种下了顽梗的种子，试图愚弄我们。

所以听起来你不再相信了。

你的姨妈：脸色苍白，头发束在脑后，露出新近出现的颧骨，面色憔悴，却被一种信念点燃，那就是你表姐最终会去一个更好的地方。牧师把那些处方药说成她的魔鬼。飞翔的天使最终会与她同在。

有时我觉得继续相信会让事情变得容易些。

所以你就读给你的女儿听？

哦，不是的，你说。不！不——一回到家，我就会想办法让这本书消失。我姨妈刚给她的。一本读物——仅此而已。

我想我愿意相信，他说，人本质上是善良的。

有那么一会儿,你们都没有说话。
我希望可以那样生活,你说,刹那间如释重负。

你女儿醒了,她的耳朵很痛,而她无法理解发生了什么。你已经用完了最后一盒牛奶。他去了飞机上的配餐室,拿回一把条装牛奶,把它们一个个撕开倒进她的奶瓶里,毫升数不断增加,直到足够她喝。当他做着这些的时候,你抱着她踱步,轻轻摇晃着,在机舱里走来走去,虽然现在灯光暗下来,大部分人都在睡觉或努力入睡,但没有人生气地看着你。奶瓶装满后,他抱着蒂丽,你去了洗手间。在那个小小的金属房间里,你把水泼到脸上想:我必须做得更好。我必须重新开始吃东西,并且为接下来做好计划。

蒂丽又睡着了,但你没睡,他也没有。你们都看着分钟数,蓝色的飞机小图标嘀嗒嘀嗒行进在空旷的北大西洋上空,向上弯曲飞往格陵兰和拉布拉多海,又再次向下朝爱尔兰飞去,一路朝着家的方向,没有尽头,无法阻挡。你看着它,说了更多话,以下是你谈到的一些事情:多么不可思议啊,让这个巨大而笨拙的流线型金属堆升起而不是落下，升上天空，向上，再向上，沿着看不见的、预先制定好的路线跨越地球，飞机过道悬在半空中，而乘客们在睡觉、看电影、冲马桶，为他们的金汤力索要更多冰块，吃专门设计的、在低气压和机舱干燥的空气中味道依然正常的面包卷；在脚下三万——管他多少英尺——的地方，是世界、海洋、黑暗的怒波，而你在这里，悬浮于这一切之上，以每小时数百英里的速度奔入全新一天的黎明；你说，在这片刻之间，在这个时间之外的时间里，时间作为一种度量单位是多么没有意义，距离也是多么没有意义；你说起了我们旅行的距离，我们从哪里来与我们到哪里去之间的距离，我们自以为的样子和最终变成的样子之间的距离；怎么会这样——谁知道呢——将来，你女儿不会再有跨越大西洋的旅行，至少不是现在这样，这似乎是过去的时代最怪诞的堕落；我们以为，或者说我们活得——至少你是这样，或曾经是这样——好像事情会一直继续下去，极少谈论那些事后想来唯一重要的事情。你说的所有这些话，成千上万句话，没有一句是对的，没有一句属于那些可能产生过意义或改变了什么的少数几句话。而这一次，只有更为急迫的这一次机会，人们可能改变吗？还是为时已晚，一切都已太晚？还是说，另有一个短暂的窗口期，一切还有可能？

这些只是其中的一部分。

飞机降落了。小桌板和座椅靠背,安全带,最后一次客舱检查。模糊的光线逐渐变成星罗棋布的光点;建筑物、街道,甚至单个车辆的车头灯。起落架的嘎吱声和摩擦声,发动机最后的轰鸣。飞机急速俯冲到停机坪上,它令人惊栗的确定性。你的胃部一阵痉挛。

下飞机时他帮你拿着旅行袋,而你抱着仍在沉睡的蒂丽。你们一起等他们取来婴儿车,你把车猛地踢开拉直,把蒂丽系在里面。做完这些,你们已经是最后下飞机的了,另外几架红眼航班也已抵达,入境大厅异常拥挤。

哦,不,你说。他把一只手轻轻放到你肩膀上。

你好,希思罗,我的老朋友。

有那么一会儿,你们站在那里,在人群中,同气相求。

先生,太太,这边请,一位穿制服的女士说,家庭通道走这边,她滑开隔离带,让你们进入家庭和特别援助通道。

他冲你笑了,你也回以微笑。

谢谢,你对穿制服的女人说。

你熟练地转动婴儿车,加入另一条队伍,那里好像并不快,可能还更慢一些。他在你耳边小声说,对家庭旅行来说,这究竟是帮助还是阻碍,只有时间能证明。

你们作为一个家庭通过入境处,通过行李提取处,在到达大厅的移动门前停了下来,你丈夫会在那里接你和蒂丽:为了配合你,他订了同一时间从开普敦飞回来的航班。

所以我猜就这样吧,他说。你会好好的吗?

是的,你说,因为你还能说什么呢?

你从他手里接过行李箱的把手,你们各自走,此时压根不再是一个家庭,而是两个完全独立的人,通过最后一条海关通道;**无申报通道**。

你丈夫不在那里。

你找到一个插座,连上手机。一连串的消息:他在开普敦又被耽搁了,制片人助理最终没能处理好,舞蹈演员摔伤了脚踝,保险的问题,需要重拍的镜头。去机场的途中他不得不半路返回,去处理所有这些事。他得明天才能回到家,也可能是后天,今晚才能知道。他会弥补的。告诉蒂丽他爱她。告诉她他会带最棒的礼物。去打车吧!

你想,你早就知道。甚至当你在多伦多登机、他给你发短信说他正在去机场的路上时,你就知道并且开始忐忑不安。

你按住按键，直到手机屏幕再次变黑。

他留下看着婴儿车、旅行袋和正在充电的手机，你把哭啼啼的蒂丽托在髋部，去洗手间的水池刷奶瓶，然后去Costa讨要了一点热牛奶。你本可以自己喝杯咖啡，也该请他喝一杯，但你腾不出手。你想起了你母亲：她需要额外多一双手的玩笑话，她还声称自己后脑勺上长了眼睛，乃至你和你表姐曾在她头发里反复搜找来反驳她这不是真的。那时她应该比你现在年轻，而你和你表姐比蒂丽大不了几岁。

都消逝了，所有这一切，就这么——消逝了。

但你在这里，此时此刻。喧嚣不安的希思罗机场到达大厅，所有团团转的人、向前冲的人、目标明确的人、形色仓皇的人。九月的一个星期二，早上七点十七分。

蒂丽被系在婴儿车里，喝着牛奶，暂时安静下来。

好的，你说，再次接过行李箱的把手。那就这样吧。

我顺路载你吧，他说，司机会来接我，有辆车，我把你安全送到家。

他的眼睛很蓝。

有那么一会，你几乎就要答应了。

你想起了你和表姐喜欢的那种书，有多个路径、多种结局。你们趴在一起,头挨着头,夹住不同的书页和选项,一一打开。你总是小心翼翼,努力避开难关,而她会选择最冒险的路线,就为了看看会发生什么。她会跟他走的。你想:如果她还在,在WhatsApp或FaceTime的另一端,她会对你说,去吧。

不了,但你听自己说,坐火车对你女儿来说会更容易些,她已经被困了这么久,火车里至少能来回走走,还有,她晕车。坐火车去帕丁顿,然后搭地铁,最后一点路也许就打车,直到结束。

那你的行李呢,他说,还有婴儿车,你怎么办?

人们都愿意帮忙,你说,他们一直都愿意帮我,每一段路——这是真的,你突然想起那个出租车司机,他帮你找了辆手推车,帮你把行李袋推进航站楼,一直推到加拿大航空的柜台;你想起了尚塔尔,她免费把你升级到豪华经济舱,让你和蒂丽多一点空间;她的长指甲涂成午夜蓝,镶着水钻,轻轻敲击着,为了报答她,你说你有多喜欢她的指甲,同时伸出了你自己那光秃秃的、被咬过的指甲,而她眉开眼笑;你想起了周围那些人,当蒂丽号啕大哭的时候,他们没有翻白眼,也没有瞪你;还有他,当然,还有他——突然间,你发现自己就要流泪了,所有那些还没流出来的眼泪。

哦,他说,哦,他说,过来,他双手捧住你的脸,用拇指拂去你的泪水,片刻间,一切都倾斜了。

希思罗到达大厅在你身后溶解了。有一次,你在白教堂区的某个美术馆看到一位艺术家的作品:她把一根根金属线缠绕在地球仪上,代表一天之中的航班,然后又设法溶掉了地球,只留下甩糖丝一样的线团。现在你想起了它,想起它如何让你觉得,这些把一个人和另一个人、一个地方和另一个地方连接在一起的线,是多么珍贵、多么强大啊。

我得走了,你说,因为如果你再多待一会儿,你就再也不想走、也走不了了。

你现在去干什么?他问。

是当下这一分钟的现在,还是更具存在意义的现在?你说,不知为何,你努力把声音放轻。

他看了看你,接起你的话茬。在这两者之间?

我们要在火车上看《嗨!道奇》,只要手机有电;我们会在十点前到家;我们会按下电梯里所有的按钮;我们会去购物,也许烤个蛋糕,烤蛋糕其实是借口,是为了磕开很多鸡蛋,用茶勺把蛋壳敲碎。

他笑了。你意识到你喜欢那个笑。你很开心你让他笑了。有那么一刻,别的一切都不再重要。

那好吧，他温柔地说，你听见或者感觉到他吸了一口气，然后慢慢吐出来。放轻松。

放轻松。你也说。

好，他说。再见。

你说，再见。

你真的让蒂丽按下了电梯里所有的按钮，总共七个，从车库所在的地下一层到你公寓楼上的那几层。当门缓缓抖动着开了又关、关了又开的时候，你没有叹气。你只感觉麻木。你的确烤了蛋糕。你让蒂丽敲碎一整盒鸡蛋。远远超出了你的需要，你觉得没事，待会你可以做个煎蛋饼。你跟她讲了那个关于哈姆雷特和自我的笑话，关于这个笑话，你表姐在十三岁时，曾经不得不跟你解释一番；你为这个笑话的机智大笑不已，然后，在她看见你的笑容变作抽泣之前转过身去。

从你小小的阳台上看出去，九月的天空高远无云。

你想，你可以给他发邮件。你们没有交换地址，但你可以通过谷歌查找他的名字，他的公司。你不会这样做，但你可以。

你点击了手机上的谷歌图标。

你不会。你没有。

你转而看起了手机上的加拿大地图。它如此广阔，让你着迷，有这么多的空白：多伦多、渥太华、蒙特利尔，然后是魁北克市，从纽约州和美国国境线向北正好连成一条直线；在它们上面，是安大略、魁北克、纽芬兰和拉布拉多的开阔空间，往西，是马尼托巴、萨斯喀彻温和不列颠哥伦比亚的广袤地带；温哥华，他出生并度过了二十五年婚姻生活的地方，再往北是育空地区和西北地区，以及努纳武特地区，一整片地方，如此空旷，如此浩瀚，以至于你得扶住栏杆才能站稳，被一种乡愁弄得几乎弯下腰，这阵突如其来的强烈的丧失感。

深呼吸，你告诉自己，只要深呼吸。

你丈夫只是在尽力而为。自从蒂丽出生、你停止工作后，他就一直忧心忡忡，担心如何养活你们，担心他的行业不稳定，担心组成一个家庭意味着什么。他在尽自己的一切努力，你认为你也应该尽一切努力，去继续爱他，你认为出了问题或误入歧途的爱也是一种流放。

你告诉自己，不搭车是对的。那将是一条被逾越的线，某个新的边界、新的国度，你可能再也回不来了。

但是。

你想知道，忍不住想知道，如果你跟他走了会怎样：上了他的轿车，甚至回他的宾馆，也许，在那里，他会拥你入怀；在你面前跪下来，然后脸紧紧贴着你；他把牛仔裤从你的髋部褪下,解开你的衬衫,把你轻轻放在他的床上;也许那就是你想要的,有人脱下你的衣服,让你躺下,帮你做出决定;但是,不管你怎样努力在脑海中上演这一幕,你都无法忽略你女儿就在那里的事实,然后一切烟消云散。

你试图让蒂丽坚持到她该上床的时间,但她太累了,所以你在午后败下阵来。这意味着她会在午夜两眼圆睁,你很可能也是。她想要那本书,你忘了把它丢掉了,但你还没开始读,她就吮吸着你格子衬衫的衣领睡着了。在松开她之前,你在那里躺了会儿,凝视着那些长着丑陋的妖怪脸的卡通人物。**所有人都刻薄又邪恶**,但他说得对——他们生下来时不是,他们不可能是,那不是你想度过此生的方式,不管生活对你来说还剩下什么。你想,他们只是在尽自己的最大努力,或者他们以为的最大努力;而且与坚定、正直、善良的挪亚不同,从来没有人告诉他们,他们会死,或者被拯救,或者无论什么,最终都是有意义的。

February 2015 and Max Haynes had been in Northern Ireland for just under two months: long enough to know its limitations. Those presented themselves within two days, such as the cultural quarter of Belfast that consisted of a single street.

格洛丽亚和马克斯

撰文	温迪·厄斯金（Wendy Erskine）
译者	柏栎

2015年2月,马克斯·海恩斯在北爱尔兰待了还不到两个月,但已经足够了解它的局限。那些局限在两天内就显露了出来,比如贝尔法斯特的文化区只由一条街组成。他去那里担任客座的电影教授,直到七月。但此刻他正在自己的车里,开往一个不知在何处的地方。

某个乏善可陈的地方即将举办当地的电影节,他被拉去参加一场策划会。当然了,他能理解校外活动对大学教员工作的重要性。他已经为大学电影院策划了一部取材于斯拉夫神话的系列短片《未知愉悦》。据他所知,这个系列相当成功。然而当地电影节的事让他兴趣寥寥。确实,它提出了一些重要的理念和审美问题——作为所谓的基督教电影节——但这是单一文化的,是简单化的。但马克斯已经答应了会去。他还答应了会接上另一个参会者,一个名叫格洛丽亚的女人,她会在某个不幸的小地方的斯巴超市外面等着,而他得经过那里。

不过驾着车在红黄相间的树林中穿行令人十分愉悦。无论在伦敦还是他住过的其他城市,马克斯都不怎么开车。但他刚来接手这份新的临时工作,他们就要给他租车。他起初付之一笑,不情不愿地去展厅看,但当他试驾这台线条流畅的高档机器时,他就定下它了。他给雅妮卡发去车子的照片,开玩笑说,太不适合我了!但他还是开上了这部漂亮的车。

马克斯在约定时间到了约定地点。这不是一个很引人注意的地方。虽然感觉很乡下,但附近发电站的巨大烟囱透过树林隐约可见。在这条大街上,他想,这么多人都在闲逛,难道是在等着毒品从天而降。三个十几岁的小伙子轮流跳上从一个红酒箱里拖出来的银色充气袋。他们后面是一块热食广告牌——一个墨西哥卷饼戴着阔边帽,留着小胡子。这是这种地方颇有代表性的东西。他不想给这里的任何人打上乡巴佬的标签,因为许多人并不是。马克斯在大学里就认识几位,等他年底离开后还愿意与他们保持联系。还有他那位工作伙伴,做电影配乐的人。但毫无疑问,乡巴佬还是相当多的。

店门口的公交车站处,一群女孩在等车。两个女人站在那里聊天,一条拴着绳子的狗在绕圈。一个男孩踢着墨西哥卷饼广告牌。街对面是一家殡仪馆,窗口上方有一面超大的鼓形钟,只有时针在走。马克斯觉得它丑得难以言表。接着他一转身,看到一个身材硕大的中年妇女,穿着牛仔裤、白色运动鞋、浅粉色带帽风衣。她有一头参差不齐的金色短发,靠在店门口,看着泰然自若。

马克斯想知道这女人对于和一个陌生男人一起待在汽车这种密闭空间里，会作何感受。如果他在不经意间聊一聊雅妮卡，或许会让她感觉自在一些。这会让人觉得他没什么威胁，而雅妮卡是即便人不出现也一直被他记挂在心的。

马克斯摇下车窗。

格洛丽亚！他叫，声音不够大。格洛丽亚！他又喊。这喊声听着诡异，像是一种向范·莫里森[1]致敬的拙劣行为。格洛丽亚！

那女子望过来，若无其事朝车子走来。

嗨，她钻进车子坐到他旁边，他就说，我是马克斯，虽然我不知道怎么去那地方，但我有导航仪帮忙。

是一条直路，格洛丽亚说，直行就到。

太好了，马克斯说。但他还是把导航仪开着。

那么，马克斯说，我们这就去策划会。你对电影很感兴趣吗？

格洛丽亚想了想，然后说，我在电视上看过一些，偶尔看看。

哦，其实我就是干电影这行的，马克斯说。

你是拍电影的？格洛丽亚问。

---

[1] 范·莫里森（Van Morrison），北爱尔兰唱作人、乐手。

不，我在大学里教电影。

哦，她说。

我是研究电影的。

哦，研究电影。教电影的。

对。

教怎么拍电影？

不是，教怎么看电影。

第一课，怎么打开电视机，她说，朝车窗外望去。

我刚搬到贝尔法斯特，马克斯说。但我的伴侣还在伦敦。哦，她是芬兰人，但她住在伦敦。

喔，格洛丽亚说。

是的，马克斯说，她叫雅妮卡。距离没有什么影响。我们并没有相隔很远，并没有。贝尔法斯特和伦敦。我们，你要知道，是非常相爱的。

格洛丽亚扯了扯被安全带卡住的风衣帽。

是的，马克斯说。

喔，格洛丽亚说。

那么你去电影节做什么呢？马克斯问。

安德森先生叫我去，她回答说。安德森先生是我那里的老板。他是所有养老院的老板。他们要把所有养老院里的老人都叫去看电影。

就像是去完成一份工作，她补充说。

你觉得老人会喜欢什么类型的电影?

老人?格洛丽亚说。她转头看看车后。你还要接其他人?

不,只有你格洛丽亚。

另一条车道上,车子飞驰而过。车里有一只苍蝇嗡嗡作响。它在仪表盘上爬,飞开了,又落回到仪表盘上。

你工作的养老院是在哪儿呢?马克斯问。

在从卡里克出来的路上,她说。

马克斯笑了。这得看你是从哪条路进卡里克的,是不是?

格洛丽亚沉默片刻。如果你不知道是进还是要出卡里克,那对你来说希望就不大了,她说。

虽然车里有新车的味道,还有空调味,但还能闻到她的气味。他很难形容这种气味。一种柠檬紧肤水,一种沐浴液,但也像狗身上的什么气味。他能想象她一大早牵着两只肌肉发达的梗犬出门溜达。他转头瞧去,看到她指甲剪得很短,双手皮肤粗糙。

格洛丽亚,你不开车吗?他问。

我开的,她说。但比利把车开走了。

是你的伴侣吗?

丈夫。比利开走了车。

比利优先用车吗?

他得开车去上班,她说。

那你什么时候开车出门呢?

他不上班的时候。

马克斯年幼时,他们雇过一个女人来收拾房间,并不是打扫卫生。总有些随手乱放的东西需要整理,比如把书放整齐,把报纸叠好,她把这些活都干了,这份工作不需要拖地,但她也干了。有一周她没来,下一周她来了,道了歉,她的一侧脸青一块紫一块。他的母亲给了她一个地址,还有塞满钱的钱包。但女人把钱包留在门口的小桌子上。过了两周,她又没来,于是他们不得不解雇她,因为他们需要更可靠的人。马克斯想,他不会再问格洛丽亚丈夫比利的事了。

一辆卡车超过他们,掉下来一些小石子击中了前挡玻璃。马克斯打开收音机。两个人正在谈论远东崛起的金融市场。

你对这个特殊的基督教电影节有何感想,马克斯边说边打苍蝇。

格洛丽亚耸耸肩。老人不爱看色情片,她说。

你觉得要么是色情,要么是基督教?马克斯问。

他们说要放一部关于跑步运动员的电影,格洛丽亚说。《烈火战车》。那家伙不想在礼拜天跑步。所以他就没跑。

现在大多数地方礼拜天是开门的,她继续说。想知道他对此有何看法。但也不是特别好奇。

马克斯想知道会不会有其他人顺道送格洛丽亚回家。

我和我的朋友,她说。我朋友以前在海岸路的一家音像店里工作,我常去陪她。现在店已经荒废了,但它之前是卖假货的,支些广告牌是为了装门面。他们把店弄得像家鞋店。

没有注意过这种地方。

一辆摩托车突突地超过他们。

这种店到处都有,嗯。

导航仪提示马克斯应该左转了。他放慢速度,打开转向灯。

不,格洛丽亚说,不是这条路。

导航仪叫我这么开。

不是这条路。不过,她说,随便你。

他们开上了一条两侧有高大树篱的小路。先上了一个斜坡,然后路面平稳了。

那家音像店很小,格洛丽亚说,但很多人去。很多男人。你们后面还有别的货吗?有些人会来问。我相信你知道这句话的意思。但我们当时才十几岁。我们不想去后面吃灰。反正不想为了那些男人去。我们现在要去的那个地方,以前是卖冰激凌的。在那之前是一个舞厅。

马克斯没说话。

我们可能会迟到,你知道吗,走这条路的话,格洛丽亚说。

你想一直干这个吗,格洛丽亚——在一家养老院工作?

格洛丽亚缓缓叹了口气。然后转头望向窗外,一边把帽子的抽绳在手指上缠来绕去。

只是一份工作,她最后说,她抽出手指,让卷成螺旋的抽绳松开。只是一份工作,就像你在大学里看电影一样。

哦,马克斯说,我要说的是——

然后他看到前方路中央有一个什么反光和扭曲的东西。马克斯踩下刹车。是一辆摩托车,已经撞坏了,轮子变了形。空气里弥漫着一股汽油味和烧焦的橡胶味。它撞上了树,树在冲撞中露出光秃秃的白色树干。格洛丽亚和马克斯下了车。格洛丽亚指了指路面不远处草丛边的一团东西。然后他们走过去,看到了一个年轻人。头盔裂开了。他下身穿着黑色牛仔裤、运动鞋。格洛丽亚在他身边蹲下来。

还活着,她对马克斯说。

她对年轻人说,我来了。她脱下他的黑色手套,握住他的手。

打999,她对马克斯说。

他要回车上拿手机。不用——就用我的,格洛丽亚说。

我在这里,格洛丽亚对男孩说。

急救人员问马克斯路名,但他不知道,他不得不问格洛丽亚。她接过手机。

格洛丽亚粉色风衣的胸前有一道血迹。马克斯感到喉咙涌上一股呕吐的感觉。这是个怪异的地方,长着刺的山楂树,年轻人受伤的身躯倒在地上,他那辆车在晚冬的阳光下显得阴森怪异。然后格洛丽亚松开了他的手,苍白的手垂落在皮夹克旁。她用手背擦了擦脸,低头看着自己膝盖。警车和救护车赶到就花了不到十分钟,但马克斯觉得这段时间无限漫长。格洛丽亚对一位女警察简单陈述了事情经过。

他们回到车上时,都没有说话。

终于,格洛丽亚开口。不如别去那个基督教电影节了,她说。

马克斯插钥匙点火,发动引擎,但车子没动。他再次熄火。

对不起,他说。对不起。

格洛丽亚把手伸过去,放在他胳膊上。她一直把手放在那儿,直到他启动车子。他们开回到那家外面有墨西哥广告牌的店门口,一路没再说一句话。

谢谢你载我,格洛丽亚边说边下车,粉色风衣上的血迹已经干了。

2016年,马克斯的客座教授工作结束,回到伦敦生活。

雅妮卡的父母借给他们钱,付了一栋房子的定金,房子虽小但漂亮。他们有时会回想上一年"异地恋"的种种小考验,偶尔有朋友在场,雅妮卡也许会说,跟他们说说那个电影节的事。他就会聊起那个基督教电影节是多么荒唐,为何那趟行程被取消,但绝口不提格洛丽亚。他没有说,每周至少有两三晚,当他在房间里躺在雅妮卡身边,在温暖的床上闻到她的香水味时,他会想起引擎的震动、染血的粉色风衣、放在他胳膊上的她的手。

The schemes were for people with plenty of time, or people not totally unfamiliar with being treated like shit. I was intimate with both situations.

欢迎光临

撰文　妮科尔·弗拉特里（Nicole Flattery）
译者　周嘉宁

这些项目是为时间充裕的人准备的,或是为那些经常被当成狗屎对待的人准备的。这两种情况我都很熟悉。经理面试我——隔着一英寸有机玻璃问奇怪的问题:以小时计,你失业多久了?你青春期有没有干过向路过的汽车扔石头这种烂事?

"这可能会有点连带关系。"经理解释,我说抱歉。

"乡巴佬才道歉。"经理说,她继续做晦涩难懂的标记。

面试是通宵进行的,为了摧毁我的精神,确保我承诺在这里工作期间有组织性,有责任心。我熬过面试,除了知道自己的名字以及年龄是在接近三十岁的某个时间段以外,什么都不完全确定。早晨,我被带去厕所量制服尺寸。厕所隔间感觉黑暗幽深,尸体在这种地方躺上几天都不会有人发现。衬衫显出我的胸部,标准式样的靴子显出我的双腿,所有我努力遗忘的部分都因为套进涤纶面料而令我吃惊地重新组合起来。等我穿戴好,经理向我兴奋地竖起大拇指。经理的身材几乎是一个完美的球形,会不自觉地爆发出阵阵笑声。她看着我苍白空洞的脸,问我:"能让自己傻笑不是一件很棒的事情吗?"我从她的手势看出她以前当过农场工人,具有将动物送去屠宰时那种疯狂的镇定。

经理又解释一遍流程。我们的职责是在收银台附近,打理高速服务站[1],最重要的是,要相信这工作。经理让我自己观看演示录像,然后离开了房间。录像里有三位参与者,都有着商品模特一般看不出性别的、漂亮的外表,他们谈到重返工作的喜悦。每当他们做一些心血来潮的事情,或者被认为超出职责范围的事情,屏幕上就会弹出一个大大的×。我观看时感觉头晕和羞愧,仿佛在看一部特殊类别的邪恶色情片。

经理说,只要我感到自己相信不了,就应该去外面暴走一段路——可以沿着高速公路来回走——远离同事们,因为我的态度和阴沉的脸可能对他们有害。她说我看起来是个好脾气的人,如果我们有顾客,他们多半会喜欢我。我的性格最适合与人短暂地打交道。

"我要不要印名片?"我问。

"可以考虑。"经理说,又对我兴奋地竖起大拇指。

在有服务站之前,我的家乡在易晕车的人群里闻名遐

---

[1] 原文是garage,根据故事语境译为"高速服务站"。

迹。他们到了这里又呕又吐，然后继续前往更好的地方。我从城里回来时，以为我和家乡都已经有了光彩照人的变化，但都没有。我们早已熟悉了失望和被利用的喜悦。

我在家待过两个月，感觉家里出奇地空空荡荡，仿佛所有的家具都卖了。貌似我不在家的时候发生了一百件说不出口的小事。我和母亲重聚了——两个轻浮的女人，两个甚至都还没意识到自己可能处于虐待关系中的女人；两个真正的笨蛋，又在一起了。

每次吃晚饭时，她都质问我为什么会那样吃，为什么把手指伸进那么多罐子里胡搅一番。我有没有吃过蔬菜？那个城市会有很多餐厅卖豆子吗？我说我不知道。我不怎么关心这些，她用叉子指着我，怪模怪样的蔬菜叉在上面，仿佛我们说了一个只有我们自己懂的笑话。

"那里有男孩吗？你交过男友吗？"

"交过。"

"他人好吗？"

"不怎么好。他很烦人。他会说：**我要一小杯浓缩咖啡**[1]。咖啡这套东西大家都早就懂了。他一点也不好玩。而且有时候他在我睡着的时候打我。但我想我只是假装睡着，

---

[1] 浓缩咖啡（expresso）本身就是小杯量。主人公说她男友"要一小杯浓缩咖啡"，是在讥讽他说废话、无趣。

所以我也不算完全诚实。"

"男人有幽默感是很重要的。"她露出一种坦诚的、慈母般的微笑。她的这种乐观让人害怕，也让人无法理解。这种乐观纵然历经整段历史也仍然燃烧着。

我父母之间有一种强烈的关系，那是我很羡慕的。他们在长期的婚姻中养成了一些习惯——什么都不说，然后什么都说两遍。他们漠视我，但是那种实用主义的漠视：就像你可能在防空洞里漠视弱者一样。他们的生活有其泰然自得的节奏，不时夹杂着洗碗机尖利的碰撞声。他们遵循一种奇特的日常规律——上街；去超市；朝认识的人挥手；看一眼同一片天空；回家。他们看见了无聊，直直地盯着它，然后继续过日子。尽管如此，他们还是没我疲惫，也没我衰老。我向来穿黑色的父亲，突然兴致勃勃地追求起各种颜色，故意在红色高尔夫套头衫里面穿粉色衬衫。我母亲要我支持他追求自己的风格。他们交了新朋友，据说是在超市遇见的几对夫妇。这些新朋友打来电话时我接起话筒说："你哪位？"他们回答："不会吧，你哪位？"就好像他们意外发现一桩入室盗窃、一场激烈的恐怖戏，而这些也令他们与我父母的关系得以加深。

我躺在凹凸不平的床上，幻想各种离开自己身体的新奇方式。我低头看它——松弛的、星形的它——然后闭上眼睛，再次睁开。身体还在。似乎没有消失。我列出我在乎的和不在乎的东西。一张清单总是比另一张长得多。我很不安。三番五次去看院子里的雨桶。我认为雨桶是时间的刻度——那是我不在家的两年里收集的所有雨水。我母亲感觉世界可能会缺水,而这个开裂的铝桶是我们的安全保障,我们的秘密计划。我想说:"现在是二十一世纪了。"但在我们充满敌意的小房子里,这话显得自以为是,像是外国人说的。

我对救赎没有兴趣。我不相信——疯子和怪人才信这套——但雨桶的某些意味却让我想要重生。我可以看到自己在黑暗中漂流,肮脏的树叶给我的脸镶边,雨桶的蓝色唤出我内心的圣母马利亚。

我一定要走出家门。

凯文比我晚整整一周上岗,但立刻就对服务站有了我还没有的认知。他领会了它安静的浪漫,生锈的吸引力。他知道我们干活的顺序——这是与生俱来的,也许是他天生的能力。我可能会把拖把放在桶里,或者拧干拖把,但他会说:"我们还没到做这部分工作的时候。"他是对的。他担心我的非线性思维,但是我感觉我们是一个默契的完美团队,工作得很顺利。

我喜欢他的程度远远超出我被严格限定允许的范围。

我知道经理想让我们的关系更紧张,也许还有一种令人不安的异性相吸的刺激,但这没有发生。从一开始我们之间就有一种特殊的氛围,一种纯洁诚实的私人联结。比如我在厕所查看自己的脸状态好不好的时候,他立刻就明白,之前所有的空等没有毁掉我。他没有因此而讨厌我。我们都有坚持自我的朦胧梦想,幻想我们战斗并取得胜利。我们彼此信任。我们向对方坦白。或许我就是他想娶的姐姐。

作为比他年长的女性,我感到有必要激励他的自尊心。我夸他穿制服的样子好极了,制服对他十九岁瘦削的身躯起到了奇迹般的作用。真的。他看起来像是从一部亡命之徒或连环杀手的电影里出来的人物。只不过他演的不是强盗或者连环杀手,而是加油站的服务员,热心地指着一个方向说:"他们往那里跑了!"他喜欢这些比喻,这些象征。

他承认——当我们一边清扫服务站前院,一边留神看会不会幸运地捡到硬币时——在他看来,一切都是电视。有很多将现实与幻想分开的方法,但他不知道。这可以是个小问题——就像没有方向感,分不清南北。也可以是个大问题。有一次,我们在粗糙而多余的围栏附近除草,他告诉我,他感觉自己像是一个情景喜剧里被编剧写得很别扭的角色。

"你知道他们在那里的时候,什么都不做,什么都不说吗?好像没人知道要拿他们怎么办?然后他们消失了,甚至没人愿意再提起。我想这正发生在我身上。"

我熟悉这种麻木的感觉。在服务站我感觉任何人都可以进来扮演我,只要他们能正确地表达痛苦,如那些被自己的糟糕选择困扰的人一样反应迟钝。通常,在夜晚,当自怜到来时,交谈似乎是个好主意。我会说:"和我说话,凯文。"他会答应。凯文的电影知识既丰富又荒诞。他的大脑里几乎容不下其他东西,但我对此很感激。这缓解了服务站鬼一般的寂静。我喜欢大张旗鼓地听他说话。我认为这让他感觉更好,就好像他所做的不仅仅是打卡,除草,等待。

我想打动他。这是我们之间心照不宣的事。

"你知道,我拍过一些影片,是小角色,但我出镜了。"

我俩在高速公路的微风中一动不动。

"感觉如何?"他问。

"就跟其他事情做了一段时间以后的感觉一样。乏味。没劲。打发时间。"

"这是你离开的原因吗?"

"是啊。所有好角色都快拍光了。"

"哦,是这样,"凯文一本正经地赞同,"我听说碰到这种事的大都是女人。"

几周以后，我养成了每晚步行的习惯，飞快而内疚地走过凯文仍然和他父亲一起居住的房子。我不喜欢自己得出的结论。我可以想象他在屋里蜷缩在单人床上，专注地盯着屏幕。有些早晨，我能想象一丝电视机的微弱光线照在他的身上。

到我走过的那些肮脏的老街上寻找认识的人似乎很尴尬，但我还是找了。反正在这一点上我已经无所谓了。我将骄傲抛于脑后，无视了。我剩下的朋友都是可爱的女孩——坦率，温顺——但讨人喜欢。我把大家召集到酒吧度过了一个悲惨的夜晚。我们都跟随母亲生活、长大，一年总有一次，她们坐着喝闷酒，于是我们都像父亲一样喝酒。这是我们这代人的重大决定。

她们有时漫不经心地问，我不在这里的时候做了什么。她们愤怒的是现实如此，她们仍在这里，永远不会了解完整实现的自我。她们一度都准备与我反目了。我没太当回事，回答说我离开这里是为了发现自我。我隐瞒了事实，其实没有什么可发现的。只不过是普通的表面，以及那底下更绝望的表面。我恳求她们端详一下我崭新的步伐。是一种城里人的步伐。我做了一个示范。"就像这样！"我叫喊着，穿过这个她们最爱的最凄凉的小镇酒吧。

我强调在城里我为不少有钱人工作过。我见过很多风景，因为观看这件事本身既简单又容易。我去过好几间公寓，居然一模一样。我透过玻璃往外看，为美而叹息。我带着愉快的轻蔑，向她们展示自己的人生。这对我来说相当有趣。

我感觉到我的故事引起了一定程度的愤慨。我的姑娘们，我可爱的姑娘们，突然全都露出工作岌岌可危的员工那种聚精会神想要得到答案但又精疲力尽的表情。她们叹气，毫不淑女地啧啧喝酒，几百遍地叫我的名字。当我施施然等待时机合适向世界做自我介绍时，她们一直在试图做严肃的事情——适度饮酒，支付高速公路通行费。

当然，我们还突然就金钱问题开展了一场情绪紧张的交谈。我的主要问题是我没钱，我对此感觉不安。在城里，赚现金不是问题。每次我一打开钱包，丑陋的美元就跳出来，很高兴与我见面。我从没偷过东西。我在这方面规规矩矩。我自己养活自己。那是一种欺骗手段，只要在恰当的时机靠过去，仰面平躺，一动不动。只有那些一点都不懂怎样提高自己社会阶层的女人才会贫穷。

朋友们说我应该保持忙碌。她们都熟悉我的行为模式——我就喜欢搞砸事情。她们列出一份乏味的活动清单让我去做。时不时地催我做，并且暗示说，做一个长得好看的人并不是一份全职工作。

"你去做做看,"我说,"做一个星期再回来和我说。"

要是谈话有间歇,有我可以插嘴的地方,我想聊聊火车上那些从不摘下墨镜的城里女人。她们真不可思议,这些女士!她们坐得死死的,眼睛被墨镜隔绝在暗色的、金属般的阳光之外,泪水顺着脸颊往下流淌,仿佛泪水是偶然流下的,仿佛与她们无关。

我在这些时刻展现出充分的智慧和成熟。不知道是从哪来的。我真的喝得很醉。

说回服务站,我负责内部。里面有三个来历不明的锡罐,每个架子上一个;有一种永远忧郁的感觉;有一张摩天大楼的明信片;还有一个幽灵般的冰箱漂浮在地板中间。我们讨论刷墙。油漆,库存,顾客——凯文的盘算和思维方式属于一个无可救药的理想主义者。

至于爱和友情,我有时候感觉自己对凯文有点一厢情愿。他因为我的无知而尴尬,这使得他的脸颊泛起粗糙的红色疹子,露出不迷人的一面。我拖累了他,他说。我耽误了他在自己的领域取得进步,他说。他胡说一通。他习惯指出我晨间不那么敏捷的思维。他伸出双手,翻着白眼,踉踉跄跄地朝我走来。我是他的僵尸妻子,僵尸姐姐。他还用一种礼貌而乐于助人的口气说,有一些混合酒精的方法可以让你不会有可怕的宿醉。

"你不想让这个地方好起来吗?"他冲我喊。

"我想。"我当然想。

"他们可以给我们的不止这三罐破汤。"

"我们不确定这些是不是汤。"

"我的意思是他们甚至都没付出一点努力。在镇上的培训办公室里,他们有两台电脑,我们有什么?"

我敲敲明信片。

服务站有晋升空间,这种可能性简直把凯文逼疯。我已经不想再努力了。没什么可做的,我也不想做。我只要活着——这就是我的工作。但凯文很饥渴。经理知道如何用离谱的承诺拔高他的预期,却完全无法兑现。我说想要在一份虚幻的工作中取得成功挺无聊。我认为有必要的时候就会实话实说。

凯文说,他希望我对服务站里每件事物都能像对那棵我每天浇水的植物一样用心照顾。那棵植物在夏天被归入我们新的职责范围,很快就成为我们的最爱。它是我们空荡荡的黑暗里唯一有生命的东西。它是绿色的,就像植物通常那样,但有种异域风情。我应该让它远离日照和贪婪的小鸟。

"别抱着那植物。"凯文常常说。

"我只是拿着。"我撒谎了。我喜欢把它放在手里。手指轻轻地包裹在黑色塑料花盆上。要是逼我,我或许会承认我感觉和这棵植物有某种血缘关系:世界上有几百件我们不了解的事情,没有一个活着的人乐意告诉我们。那可怜的又矮又胖的家伙。

凯文将我们缓慢的日子归咎于我的被动。我是一个活体稻草人:一个奇怪的女人,头发蓬乱,一副今天是世界末日的眼神。哪个镇子不会拒绝这些?他外表平静,但脾气相当暴躁。他尖叫着质问无可指摘的天空。他摇晃油泵,仿佛只有他的智慧能击败它们的空虚。"我们必须盈利。"他这话不是特别对谁说的。

"你为什么要那样走路?"他曾经问我。

"这是我在尝试的步伐。最近开始的。你喜欢吗?"

"坦白说你看起来像是哪里不对劲。"

"我是不对劲,"我说,"我小时候生长速度超前。我妈妈带我去医生那里测量胳膊和腿,它们都比正常标准长出两英寸。"

我有办法让凯文安静,有办法强迫他死死盯住远方,仿佛靠近我需要巨大的力量。他是一个习惯性精神错乱和崩溃的年轻人。当他在服务站地板上徘徊时,我只是隔着玻璃跟随着他飘忽不定、难以捉摸的身影,这样度过了好几个星期。他需要控制自己的情绪，立刻。但是我担心凯文。真的。我极其替他人担忧。这占据了我每天大量时间。我没想要成为那种女人，结果却成了这样。我最终来到服务站的原因很清楚：这个世界正在惩罚我，让我变得懒散，不愿意工作。老实说，这让我发笑。

"你为什么会来这里，凯文？"我问。

"我爸说这活连小丑都能干。"

偶尔有外地人进来，他们因为和家人相处时间太久而变得衣冠不整，心情狂躁，我就变得害羞。也许可以谈论一些有趣的事情，有办法让他们明白服务站是怎么回事，但那些人拥有超出我的能量。我容易受惊，出太多汗，脸色不自然。那些人动作凶猛。他们有他们的崇高目的——来聊天，吃难吃的糖果，加便宜的汽油。在这些成年人跟前，我感觉自己像被困在愚蠢的塑料玩具屋里的小孩。我总是用尽责的态度，结结巴巴地说套话："感谢您今天来访。抱歉我没有任何办法帮到您，因为这里是一个培训项目的实习场所，该项目的目的是提高我的技能，最终长期雇佣我。我知道您在想什么。但您想错了。请拿一颗免费的薄荷糖。"

薄荷糖是我的主意，而且我总是把碗推到顾客跟前，我希望这样显得亲切。那些人习惯对我视而不见，因此我也没少彻底沉默，然后冷冷地转身离开他们。我仍然能感觉到他们在我身后，他们的不耐烦在增长，在呼吸，在变得致命，但我始终没有四处张望。我冷冰冰的后背说明了一切。我回去照顾植物，或者傻傻地站着不动，双手放在腿上。如果有紧急按钮，我会按下去。他们离开时凯文笑容可掬。凯文说这种独特的服务体验直击顾客的灵魂。这需要正确地把握目光接触的分寸，不能唐突。之后他往往把自己锁在厕所隔间里半个小时。他可能在里面用拳头砸东西，砸到，或者没砸到，我不知道。通常他出来时会带着明显的绝望，指责我不合群。我并不是最佳状态时的自己，就此而言他说得对。

经理积极地追求好时光。尽管她鄙视一切——并对动物做那些说不出口的事情——她内心是个爱玩的人。我们常在周五共度一小时的快乐时光。凯文和我溜达进镇上的办公室，亨利和林恩在那里工作，他们是另外两位项目参与者，我们还算快乐地聚在里屋。用又大又深的碗吃超市品牌的薯片，灯光照得沾在手指上的粉像电子粉尘。我们喝着标签上印有大胡子男人的啤酒。这些手持钓竿、满脸微笑，退休生活很快活的男人，在提醒我们要轻松。给我们来一杯。经理希望我们感到自在,自在到当欲望勃发时能轻松地躺在彼此腿上。这从没发生过。

在这些聚会上,得到可以使我成为"焕然一新的女人"的建议,并不稀奇。我们早就一致认同,我漂亮的脸蛋和优美的身材是我最大的优点,至于其他方面嘛,我也许可以再努把力。我没把他们的话当回事。有时服务站里的每个人都看不起我,但现在都无关紧要了。我们第一次聚会时站成一个圈——我的人生中,站成一个圈准没好事——我们做了自我介绍,宣布了自己最爱的颜色,坦陈诸多错误、无知和人生中的失误,正是这些将我们带到这里,带到服务站。

我们按照惯例列出自己最爱的颜色;小心翼翼地从彩虹明亮的一端挑选。我们不想暗示不选棕色、黑色以及可怕的灰色是因为选了它们可能导致解约或者其他不可知的命运。

"你们知道吗?"经理说,"我没有最爱的颜色。我都喜欢。你们知道我最喜欢什么吗?"

我们摆出最好奇的脸,像是面对天启。

"当所有颜色像一个团队一样调和在一起的时候。"

勉强算得上办公室秘书的林恩很喜欢这个想法,她热情地微笑。

"没错,我对所有颜色一视同仁。"经理说,仿佛是给这个话题的最终定论。

"你真是个基督徒啊。"我说。宗教让我愉快。多么甜蜜和老派,像是晚餐和电影。

"我没有任何其他宗教信仰,"经理脸红了,"除了我确实相信罪。"

"这样的话,"我说,"我不确定你会不会喜欢接下来发生的事情……"

我做过的事情有太多话可说,不知从何说起。那间里屋里没有一个人对我的羞耻过往有心理准备。为了不浪费时间,我尽量在我说的每一句话里都讲到那些羞耻的事。我真想让每个人都能轮到讲自己的事。我在这方面很体贴。披露了所有信息以后,我意识到,对这份工作,我还没有给自己一个公平、体面的开始,一块崭新的白板。但正如我所说,这不重要。

林恩说起她的前夫。从头讲述整段恋爱史。我压根不在乎她在哪个地下室找到了那个废物,接着感情出现危机,但他们又稀里糊涂过了一段时间。可能这期间还生了个胖小孩?一个糖尿病儿童?我不知道。我不时走神。引起我注意的是,她承认她和前夫生活时详细记录了他吃的每样东西。如今他在外面吃饭 —— 在其他餐厅,其他餐桌上和其他女人一起 —— 无拘无束,饭菜也无人记录,她感到害怕。这让我恶心。

"这样不对啊，林恩。"我说，"人们应该被允许吃他们想吃的任何东西，不用受到你的干涉。"林恩真的让我作呕。

她冲出房间，穿着平底鞋飞奔过大厅。几分钟以后肿着脸回来了。世上有太多林恩，每一个都渴望牵手和宠爱。拿她们怎么办？

亨利会在这里是因为他虚头巴脑想要抢劫一家邮局，但发现实际上困难无比，远比他以为的五分钟就能完成困难。所以他中途放弃了。

"让他们见鬼去吧，亨利！"我命令道。我为一切叛逆和狂野的表现鼓掌。

亨利的人生卑微而糟糕，这使得他在几个略感害怕的员工跟前挥舞美工刀好像都成了一种彰显他实力的经历。他在另外一个更好的世界里或许是个英雄。那种毛发旺盛的、民间传说的类型，有一张柔软的、可以触碰的脸。实际上他却在为一个并不存在的加油站制作精美的饼状图表。

他高大，强壮，能够把我举起来，气势汹汹地将我甩来甩去。我会大叫："放我下来，放我下来，亨利！"但这不是真心话。我只是装女孩子气。我喜欢被举起来。在高处看东西要清晰很多。尽管我之前有过不快的经历，仍然无法对这样的男人免疫。

凯文没有什么要坦白的。分配给他讲述的大部分时间里，他都在争取给我们的制服增加帽子，我有点爱上他了。然后当他开始描述自己对电视的梦想时，变得有点激动，他说着说着，那个梦想似乎变得更模糊和荒谬。在他看来，现代人看电视的最大问题在于遥控机太多。人们想要一个功能齐全的遥控器操控一切，而他，这个穿格子衣服、几乎还没发育成熟的人，要发明一个。这真是一个象征希望的例子。服务站就是要给我们希望的。对光明未来的希望，对收入高因而缴税税级也高的希望。

第一次聚会后，我满怀希望，出去大喝了七八杯酒。凯文陪着我，他是我的护花使者。我们去了一个糟透了的地方，我通常死也不愿被看到在那里，但那个地方符合我当时的精神状态。俗气的酒吧灯投下的光照得我们像天使。凯文认为我喝得太快，把手放在我的手上，说，事情慢慢做，结果会更好。于是我慢慢喝了七八杯。

"问题是他们不听我的。这才是眼前的问题，凯文。"我说。

"那是因为你根本没什么要说的。"

第二天：又是老一套。我的床；口干舌燥；独自一人；我的整个人生仍然在我跟前。

我母亲穿着我父亲的一件颜色更鲜艳的高尔夫球衫，批评我说："我只是认为这份工作不会让你发挥出你的优点。"

经理总是以惊人的力量挥舞着手里巨大的咖啡杯,找借口"闯入"服务站。她最新的密谋是在服务站前放置各种形状和尺寸的椅子。经理设想镇上的居民坐在这些椅子里,愉快地交谈,盯着那些受雇在这里忙于工作的年轻人,看得让人心里发毛。椅子似乎能感觉到被赋予了不合理的期望——它们吐出填充物,露出危险的木刺,在日晒下严重变色。

在搬椅子的过程中,我尽力表现得彬彬有礼,中规中矩,和蔼可亲。

"今天真冷。"我有一次主动说。

"只有白痴才谈论天气。"经理一边回答,一边隔着令人感觉不祥的距离打量我。

我不知多少次试图离开。每次我都把头发塞到耳后,显示我崇尚整洁的审美观,然后挤进经理的小隔间。"我不干了,谢谢",我说,然后经理回答,"明天见"。不知何故,她是对的,而我注定总是错的。

我的情况时好时坏。我对凯文,对遍布服务站前院的鸽子,甚至对空椅子,都曾经迸发出强烈的柔情。我对服务站充满怀旧和伤感之情,虽然确切说来我仍然在那里工作。

"凯文你还记得我们曾经的美好时光吗?"

他看着我。"不太记得。"

然后:令人焦虑的黑暗,我愈发感到我可能会无缘无故把那棵植物的叶子都扯光,预感会对下一个敢碰我的人发怒。

"我讨厌这个地方,如果你有相似的感受,我的朋友,我们应该逃跑。"我说。

"你不是刚刚逃跑回来吗?"

服务站鼓励教育——学习能应用于更新更好的职位的技术——并以平平无奇的方式做到了。我深入了解了自己的个人习惯,而我原本可能快乐地生活几十年而丝毫意识不到它们。这种精神崩溃不是迅速发生的。即便是我自己人生的灾难,我的应对也是慢得惊人。

圣诞节不期而至。"这日子是什么时候决定的?"我想问,但是圣诞节给我们的生活带来新的兴奋和方向,所以我不想争辩。经理占据了主椅,光洁、高级的双手坐在桌上,寻找着装点节日的主题。我迸发出连自己都吃惊的友好和参与欲,建议我们就搞"圣诞主题"。

"什么样的?"经理问。

"你知道那种用金箔和红色来庆祝节日的方式吗?"

她噘起可悲而干瘪的嘴唇。

"你就不能想想别的吗?"

"想不出来。"

那一瞬间每个人都看到了我的想法,这想法就是没有想法。我原以为到了人生的这个阶段,我会成为一个不同的人,其实只是变得越来越不像他人,而更像我自己。这令我不安。在那次圣诞节讨论中,凯文没有搭理我。周五的小组活动时,他通常和亨利以及林恩坐在我对面。我竭力只用眼神让他知道我们是被扣的人质,但是我把眼睛瞪得再大也只透出俗气和愚蠢。有时我看到他用手捂着嘴巴笑——那是因为我让他发笑。

"别因为她没有好主题就责备她。"林恩机敏而假惺惺地说。她是那种弄哭别人只是为了替人擦干眼泪的女人。林恩不尊重复杂的人或者情况。这很糟,且令人精疲力尽。她的人生或许因此而产生过很多问题。而且她对待工作态度很差,显得我一丝不苟。她其实只需要起草邮件回函,但她写的语气总是不对劲;总有一种无法胜任的感觉。我们都为她真正的无能感到担忧,比如我就非常同情她的孩子并为此不安。

"我不是责备她。"经理说。

"那就好。因为你知道她脑子不清楚。"

"她怎么脑子不清楚?"亨利在这个节骨眼上插话。

"总而言之,你知道……"林恩轻声说。

"知道什么,林恩?"我问。

她直视着我。"你知道。"她僵硬地重复。

"不知道,"我说,"我忘了,请告诉我。"

"你曾经是,"她小心地清了清喉咙,"一个幻想女郎。"

"色情,"经理断然说道,"卖淫。"

"她告诉我们的就是这种事情,"林恩难过地摇摇头,"这对我来说工作量很大,你知道,我要加很多班。我在电脑上整理我们的历史文件夹时,不知道该怎么命名她的那些。我工作到很晚,还是想不出来。"

"肮脏勾当?"亨利建议。

"你最后是怎么起名的?"经理问。

"到处卖淫。"

"作为文件夹标题来说很有力,林恩,"经理表扬她,"你在电脑方面真的有进步。"

"你们两个别犹豫,"我说,"就当我不在这里。"

凯文露出狡猾的微笑。

"大伙儿能打起精神开开心心吗?"经理怀着动物般的嗜血欲,声音尖利高亢。

我们都点头。我们的头点啊点啊点啊。

经理不惜贬低我们。她有崇高的自由思想，但是她和我遇到的其他所有人一样卑鄙。她将聚会伪装成娱乐和游戏——游戏时间——但这是暴政。纯粹、蓄意的恐怖。以前有过丑恶的场面。有那么一两次，事情变得很不堪。

那个周五，她拿出一个小纸盒，放在跟前的桌上。

"你能过来吗，凯文？"

凯文笨拙地走向她，她把一只手放在他有点紧张的年轻肩膀上，将一件东西按进他的手心。

凯文一看，整个身体都僵住了，简直无地自容。我只瞥到一眼——看到的是悲伤，圆形，鲜红。凯文将小丑的鼻子按在他惊讶的脸上时，整个里屋的寂静令人感觉黏糊糊，湿答答。

"不好玩吗？"经理问。

"太棒了，"我说，"能不能也给我一个？"

"这个鼻子是给凯文的。"

"我想要一个。"

"你别闹。"

"能不能给我一个嘛？"

"为什么？"

"因为我戴上肯定真他妈的好。"

经理翻了个白眼，在心里掂量了一番，终于把道具扔给了我。我将其按在脸上，希望能展示出愤怒。

"这真是一个愉快的夜晚不是吗?"林恩说。

第二天早晨我坐在凯文的沙发上,他的"大白鲨"T恤傻乎乎地贴在我胸口,那条鲨鱼滑上来打招呼。我能尝到昨晚的滋味——那种情绪,那种装腔作势。我激昂的发言留下了极其不同寻常的滋味。厨房的墙壁那边传来电视机里的低语,伴随着凯文的全职混蛋父亲暴躁的动静。周五对凯文来说也不容易,毫无疑问。聚会结束后他频频做梦,梦见他把我赶下悬崖。

圣诞派对上,凯文和我被共同奖励了一瓶霞多丽。我想我们应该感到敬畏,至少要感激。回到服务站,我们在那棵植物上挂了一串圣诞彩灯。我把那颗星星侧放在顶端。全都亮起来就像是一棵圣诞树,老一套了。我们重重地坐在一尘不染的地板上,用纸杯调酒,看着高速公路在我们跟前像手风琴一样开开合合。

"你永远不会知道,凯文,你可能会在文具柜里做爱。"

"我们没有文具柜。"

"我在开玩笑。"

"经理没有警告过你这些吗?"

我喜欢凯文的真诚,他瘦削的身躯,他发酸变味的红灯区级须后水。我都喜欢。这和他的长相无关——他长得普普通通——与他住在哪里无关,与他是否有趣、是否事业有成这些本来应该吸引我的特点也无关。如今,你得谨慎考虑爱上谁,但我喜欢凯文。他对我向来无所求。但并非什么都不要。如果真是如此,更多人会这样做。

"别担心,"我说,"我不会跟你做爱的。你又怪又穷。"

"啊,"他飞快了喝了一口酒,"但你也一样。"

我点点头,神情庄重。"没错,凯文。你很聪明能注意到这一点。"

第一个在服务站前院的椅子里坐下的是一个年近八十岁的本地人。他一月初来的,穿着三件套正装,重重地倚靠着一根疙疙瘩瘩的拐杖,像是来自另一个时代的访客。他没有恶意,是他自己的衰败驱使他离开家,进入这个世界。我觉得他后背靠着铁丝网、坐在高脚凳上有一种庄严。

"忙着吗?"他从服务站前院朝我喊。

我挥舞双臂显示自己很忙。"是啊,是啊,我忙着呢。"

"你干得太棒了。很高兴能看到。"

"谢谢。"

"我听说你离开了一阵。"

"是啊。"

"你干吗去了?"

我耸耸肩。"没什么值得一说的。"

"既然你回来了,又干得不错。坚持下去。"

有时他妻子会和他一起来。他们一起沿着高速公路旁的步行道蹒跚而下,那么微弱,那么渺小,几乎消失不见。每次他们都带给我奇怪的礼物,我怀疑是从路边捡来的:一张刮坏了的情歌唱片,一件芭比娃娃的银色迪斯科夹克。

"可我没有芭比娃娃啊?"

"就当是礼物吧。"他满脸皱纹的妻子挤了挤眼。她可能是聋人。

只要经理一出现,那老头便大喊大叫,指指点点。

"你们那个女孩真好!"

经理总是猛然转身,仿佛她在警匪片里,希望能找到一个新的正常人。但是没有——只有我而已。

我俩感到同等的惊讶。

晚上,服务站经常接待那种不那么好打交道的顾客。年轻人从他们的老爷车钻出来,仿佛个个是纨绔子弟。他们都开着像为车祸而设计的车——金属破烂里困着一群尖叫的女朋友。他们笨拙而含蓄的亲密举动让我窘迫不安。

我一直这么安静吗?

我是的。

不感到无聊吗?

不,从来没有。

在这些对话中我小心翼翼地一动不动——我不想把众人的视线吸引到我身上,哪怕我就是用来展示的。他们看过一些我参演的影片,但你知道吗?我在现实中没有那么性感。

我是人渣,垃圾,可以说是令人厌恶。他们也用其他词汇叫我。都是毫无想象力的玩意。纯粹是懒惰。

还有其他人,他们更糟。聪明而谨慎——他们先做出假设。按照他们在大学里所学的东西,他们担心的是我的自尊心可能处于光谱的最底层。我说:"当然啊,我没什么自尊,不然我还会站在这里和你们说话吗?"

他们这些人给我留下扎扎实实的第一印象是:新的灾难。我接待了其中一两个。我喜欢交谈和具有挑战的情况。如果他们推我,我就推回去。为什么不呢?我狠狠咬住下唇。流出血来,但我不当回事。我向自己保证,这一切都会在某个时刻结束。

很多人会在尖叫着离开前贪婪地抓一大把薄荷糖。我不得不让凯文在我去重新装满时看着收银台。我得独自去。我需要用手抚过脸和嘴,同时用各种可能发生的场景安慰自己：神圣的土地里伸出来的电线杆，坚硬无情的墙壁无声地延伸到高速公路上，尸体被抛入没有星光的夜晚。

我对自己的感觉不好。我感觉不放松，而且表现了出来。

一天晚上，凯文拿着那棵光秃秃的、被蹂躏的植物朝我走来。他听起来快要哭了。"发生了什么？"

我看着植物。"我们吵架了。"

我回去重新摆放椅子，布满雀斑的背悲伤地暴露在外。

不久之后，人们开始每天涌到服务站前院观看凯文和我。这些"顾客"没有一点明确的特征；他们模糊，陌生。仿佛他们在凯文和我眨眼间消失和存在。服务站不再是我们的地盘。这些陌生人通常假装漠不关心，但他们的目光跟随着我们。我们表演时，他们的目光保持警惕。我不知道镇上有这样的人。穿紧身裤的中年男人，下巴尖利愤怒。他们很少坐下，而是在椅子周围转来转去，散发出一种危险的能量。偶尔他们指指点点，发出令人不快的信号，像是要指挥凯文和我穿过服务站前院。有时候他们用手拍打膝盖，给我们鼓劲。

经理要我们与他们有交流，我做了。我问他们问题，像是:"我的头发往后梳好吗?"和"我做了什么才会过这样的日子?"在他们面前,我活过来了,奇怪地重新装配一番,变成一个居家女主人,双手张得很大。我不知道自己在愚弄谁,是他们还是我自己。

但是凯文萎靡不振。他的古怪行为在陌生人时不时的监视下愈发明显。他举止粗鲁。我用难闻的发胶把他的头发梳到脑后,帮他塞好衬衫。没用。一直以来,我都认为他不过是一个普通废物,其实比这更糟。人们不喜欢他。每次他晃荡到服务站前院,人们就移开目光。他工作时,有些人甚至把椅子转向反方向,仿佛服务站是一个舞台,而凯文是他们不认可的角色。

"在屏幕上看到自己是什么感觉?"他有一天问,"可怕吗?"

"感觉不可思议,"我漫不经心地说,"我是说我所参演的场景里发生了很多事情,有很多令人分心的东西,但我看起来棒极了。"

"我相信。"凯文说,假装突然专注于一个气球。

"感觉好极了。我本来可以演任何人,随便谁。"

"肯定很难的。"他说。

凯文总是抓不住重点。这将是他今后的一个障碍。

"不难,凯文,"我说,"能够演任何人就是吸引我的地方。"服务站是不真实的,但在那里的工作仍然是我多年里最真实的体验。在城里,我的男友是导演,但不是艺术家。他没有那种智慧。他只知道如何到处操弄别人,毫无节制地喝蓝色鸡尾酒,把一切弄得廉价。我比他更有想法。我对布景设计有很多绝妙点子,但我忍住不说。困在光洁的公寓里,我在可怕的卧室里训练自己每晚只睡四个小时。我必须准备好跳起来,向死寂的夜晚举起拳头。太可怜了,这种人生根本不适合他。

通常他打我到一半时会意识到自己暴露得多么明显。于是他蜷缩起来,说抱歉,宝贝,抱歉,抱歉。宝贝这个,宝贝那个,宝贝一整天。可能这个占有我的人连我的名字都不知道。这只不过是一种无聊尝试,为了引起我的注意,而且他买给我的东西都很丑。他不假思索地认为我媚俗,不管我是不是认可。他送我一条昂贵裤子"随便穿穿"。我穿到了外面 —— 裤子不错 —— 显然这是绝对不行的。"这裤子只能随便穿穿!"就这种规矩。很难分分钟知道自己是谁。

他的朋友们也在影片里参演,我只是戴上假发,听任他们对我为所欲为,然后我回家,练习入睡和从床上跳起。如此消磨时间。之后便是空虚。四处闲逛,吃不健康的袋装食物、甜甜圈、塔可钟。孤独到足以让你发疯。我每周修两次指甲——我崇拜其中的暴力。我拍摄时所处的房间就像是美容院：同样的咖啡桌光泽，同样的塑料家具，没有人厉声说话。女孩们，有很多女孩——我们一起默默地谋划，让这里成为一个独属于我们的俱乐部。

在我和男友度过的最后两个月里，我彻底无视了他。我不停玩糖果消消乐。那样大家都比较舒服。我是多好的女友，该死的。我多么可爱，真令人愤慨。我一直都是最好的，直到那天早上，在那个不知如何而来的早上，我醒来说："我要回家了。"他只是在床上翻过身去，厌恶地看了我一眼，仿佛我要辞职早退。他对我说的最后一句话是："别给公司丢脸。"

"你怎么做出那个决定的？"凯文问。他盯着我头顶上方的某处，以他的方式做眼神交流。

我耸耸肩。"嗯，我都已经这样了。总得做些什么。"

寒冷春日的第一天，我进来发现灯不亮，而且凯文不在。我无所事事。那天我待到很晚，拖着脚在水泥地上走来走去，弹走手指甲里的污垢。第二天他也没有来，尽管我站在高速公路旁步行道的一个显眼处等他。我询问陌生人，注视着他们无精打采的眼睛，他们一脸无辜，仿佛与这场灾难无关。有些人听到凯文的名字一脸茫然，其他人只是大笑。这并不令人困惑——恰恰相反，这是第一个有意义的时刻。

从那天起，我决定安稳地待在服务站里。我裹着凯文的旧运动衫，努力进步，为自己，也为了他。我翻阅室内装潢杂志；认得出所有在椅子里懒洋洋摆姿势的女人。我使出浑身力气和意志把冰箱推到服务站的一道墙边。我拧下头顶的一只灯泡，握着冰冷的玻璃，捏碎了，把碎片扔出窗外，看着它们飞向那些陌生人。我告诉自己，当灯光再次亮起，一切都会变得不同。我点了几十支蜡烛，放在危险的地方。我没有哭，但是如果要哭，我会允许自己哭。我只在服务站前院出现了一两次，为了驱赶鸽子。我冲进雾霾，故意表现得愤怒和丑陋。我想让那些人知道，凯文能够有美好而复杂的感情，他们对他做的事，可耻的事，我不喜欢。

经理来的时候，我坐在冰箱旁边，在摇曳的烛光里，手指放在隆起的膝盖上。她听说了我临时对服务站所做的改动，强调了她的担忧。她说在上周五的聚会上很明显地注意到了我心不在焉，至少叫了三遍名字，我才回过神来。她友善地在我身边蹲下，仿佛准备说坏消息。她的身体挨太近，让我不舒服：我对这具身体毫无兴趣。

"能让凯文回来吗？"

我讨厌自己听起来是多么渴望。

"凯文不是就这样走了，他拿到了丰厚的遣散费。"

我扫了一眼架子，发现原来有三个罐子的地方，现在只有两个了。

外面的世界正在发生各种事情——进入历史的事件，重大事件。但历史事件不会发生在我们镇，也不会发生在我身上。我只是站在酒吧外面，没有穿外套、鞋子和内衣，寻思它们到底在哪里，因为——不幸的是——我没有穿在身上。我的思绪达到了燥热狂乱的程度。我已经习惯坐在汽车里在高速公路上穿行，当一名听天由命的乘客；这些往返都无意义，但事后我都睡不好。我在手机上看自己的旧影片，我的腿蜷曲在身体底下，心脏跳得飞快。所有那些灾难的拍摄角度。我曾希望它们有指导意义，但它们没有告诉我任何关于我自己的事情。我感觉厌倦，只是快进着看完。里面的家具总是摆错。

我观看了凯文和我早期的监控录像，我俩四处闲逛，在各自的悲惨里看起来异样的高兴。令人惊讶的是，我们几乎没做什么。我后悔没有在经理鼓励时躺在他的腿上；这是我真正的遗憾。我心想他是否知道这是他最后一次轮班，是之前知道还是之后知道。我真心希望是之后。我想象自己，光着脚，沿着高速公路追赶他。

我决定更换灯泡，这成了我大胆的计划。在亨利的协助下，我从镇办公室拿了一把梯子，在三格阶梯上练习爬上爬下。我以前从没换过灯泡。这是一项艰巨的工作。得先步行去五金商店，得把一只脚极其缓慢地放在另外一只前面，但我不记得自己这样做了。突然之间我就在那里了。我花了好几个小时挑选一只完美的灯泡；我对适用的瓦数以及它对场景的作用很有经验。在灯泡的反射里，我的形象被拉伸、扭曲得很夸张。我离开的时候，听到收银员告诫一位年轻女士翻修房子时要小心，但这对我不适用。

换灯泡那天，我感到一股令人兴奋的充电感，仿佛自己被提速了。毫无疑问那是一个特殊的日子。我之所以知道是因为有一棵新的植物在服务站前门迎接我——黑色花盆上系着一只华丽无比的蝴蝶结，它的叶子盛开着——这份礼物没有附纸条说明，不为了庆祝任何事。

"哦，太好了，"我说，"你来得正是时候。"

我不着急完成任务。我把植物放在附近，好让它密切注视我。我得放轻松，慢慢来。这很重要。我距离地面很远。我努力在梯子上站稳，一边喊着："哇哦，哇哦。"当梯子在我身下滑落，我只抓住了电线亮的那头。我一路俯冲，倒向水泥地面时，一切——一切——看起来既熟悉又迷人。

十 影像

087 寂静的纬度

游莉

Latitude of Silence

寂静的纬度

摄影 游莉

They came in from the island at mid-morning on a broken down punt. The island lay half a mile offshore. It was uninhabited with a bird sanctuary at one end and the Haulbowline lighthouse at the northern tip.

马

撰文　约恩·麦克纳米（Eoin McNamee）
译者　方铁

他们是上午十点左右乘着一艘破败的平底船从岛上过来的。那座岛离岸半英里。岛上无人居住，一端有个鸟类保护区，北部岬角有个豪尔鲍林灯塔。来者四男三女。男人们穿着黑色正装，看上去像很久以前的街头人物。仿佛是已被遗忘的城市中，在大街上被人拍下照片的、表情茫然的市民。女人们穿着下摆有刺绣的长裙，把头发全部扎到了脑后。自岛上来的路上，长裙像破碎的舞会礼服一样翻飞。

"光屋"是为在豪尔鲍林灯塔工作的人建造的。海伦已经租了一季。"光屋"的门都是木质的，有沉重的门闩，地板用双头螺栓固定。冬日里，人们从海滩上捡起卵石，向着海堤扔去。一旦起雾，豪尔鲍林灯塔就会鸣笛。冬天有部分时日，这悲鸣之声整周整周地回荡。

这所房子是海伦从帕特森那里租来的。以前他们一家就住在"光屋"，后来好些年，他把房子租给了来度假的人。他曾经在一艘领航船上当船长，来回穿梭于海岸与那座岛之间的海峡。据他称，这艘船是用他在设得兰群岛为石油行业工作了十年挣的钱买的。因为石油码头在萨洛姆小湾,所以他称自己的船为"小湾"。他说那里的夏季是没有黄昏的。她想知道小湾是什么样的海湾。在她想象中,那是一块被白夜笼罩之地。

他说外国工人们每次去那个荒凉的小岛上都会待个一天一夜,采集海螺和竹蛏。他们会在头上缠个手电筒,踏着夜潮去捡拾贝类。收工后,他们在一个被遗弃的观鸟屋里等待天明。回岸上后,他们会把贝类装进麻袋,然后装上一辆货车运走。每天晚上,海伦都能看见那些灯在黑暗中移动。

帕特森每周都来"光屋"收房租。他是一名平信徒,每周六晚上他会去镇上的广场讲道,结束后再过来。他会透过窗子向外望,看一束束手电光在海滩上梭巡。因为那些光芒,夜色被孕育得越发浓重深沉。

"他们在那座岛上得格外小心。一旦海滩发生滑坡,就会坠入海峡的深渊。一步踏错,你就得跟死神赛跑了。你可能会被各种各样的沉船钩住。你肯定不想看到在水里泡上一周或更久的尸体吧。"

"我见过一些。我在皇家医院当过护士。"

"挑个团契参加吧,"他说,"那里形形色色的人都有。也是一种社交。"

"我看情况吧。"

"如果你想出海去岛上看看,我可以带你坐'小湾'去。

每年这个时候,如果你把手探入海水,聚过来的浮游生物会把这片水域照得透亮。"

"我患有多发性硬化症。"她说。她把自己想象成残障者。身体会时不时地麻痹。她眼看自己跟着别人沿路走,假装自己没事。

"你从来没提起过病情啊。"

"医生说,一开始我会感觉虚弱无力,随后突然之间丧失身体功能。"

"那你要是倒在屋里,谁会知道呢?"

"应该没人吧。"

她在皇家医院做了一次扫描检查。护士们都是新来的,有菲律宾人和波兰人。她一个也不认识。医生让她在检查仪器里保持一动不动。她打小就擅长捉迷藏。她知道你躲的时候不用跑很远,隐藏自己最好的办法就是在他们鼻子底下收敛气息、纹丝不动。她没想到在后来工作的那些年里,这个技能一直用得着。在烘衣室里,在雨后的灌木丛里,悄无声息地待着。当那台仪器转动,发出仿佛来自另一个世界的声音,如同骨骼关节的响声,你就仿佛藏身在那些地方。

扫描拍的片子放在一块板上,像是早期摄影的底片。如果你仔细看,可以看到上面有穿着老式服装的男女,因背负被遗忘的世界而神色黯然。

马

"光屋"的楼梯下有一间储藏室,里面的架子上摆放着棋盘游戏、字谜游戏、大富翁和国际跳棋,磨损了的游戏盒子用泛黄的透明胶带修补过。有些棋子可能已经丢失,纸牌也少了半叠。黄铜钩子上挂着一条条被阳光晒褪了色的毛巾。你带着脚下的沙子进了屋,一种逝去久矣的夏日气息在屋中弥漫。有防晒霜的味道。她打开一个鞋盒,里面装满了照片和剪报。

在沙滩公园高尔夫俱乐部举行的女船长日
新娘穿着一件镶有钻石饰品的塔夫绸礼服

她知道自己闯入了某个陌生人的往事,但她不怎么感兴趣。她连自己的人生都厌倦了。她想象着一家人从海滩回到屋里,一场夏天的暴风雨让外面的天色暗了下来。他们会坐在用浮木生起的炉火前玩棋盘游戏。有欢声笑语,也有灯塔上方天空亮起的无雨闪电。她会穿一条夏日长裙。她发现了一件黄色绣品,上面绣的是一群驰骋而过的野马。她把它取了出来,挂在了厨房旁边的墙上。

二月初,她去海边散步。在回来的路上,她跪倒在沙滩上。潮水开始上涨,将她环绕。灯塔发出的光束每隔一段时间从她身上扫过。她抚平覆在膝盖上的裙子。周遭的一切流变着。空中有冰雹落下。风吹拂着沙茅草。云拂过月亮。那天的夜晚就是一场舞会，而她只能坐等一切结束。

外国工人们正在码头上发动平底船离岸。一个年轻女子踏着海浪走向海伦。她想帮助海伦站起来，于是把胳膊伸到她身下，将她带回了"光屋"。海伦能感受到自己的大腿下，女孩托着她的那双手。她知道自己的肌肉在萎缩。她感觉自己像鸟儿一样，骨架类似早期飞行器，支柱和连接处都很脆弱。这个女孩一头黑发，右眼下方有一个蓝色监狱文身。

女孩浑身湿透了。海伦的衣服她一件都不合身。海伦指了指楼梯下的储藏室。女孩走进去，拿了一条红黑相间的褪色连衣裙出来。她脱下了自己的上衣和短裙，仿佛被人命令在只有一盏灯泡和金属柜子的房间里脱个精光。海伦看着女孩这么年轻，以为她会是一个娇弱的美人，肤色如孤儿般苍白，但女孩的腹股沟上伤痕累累，腿上的血管也塌陷了下去。当她抬起手臂把裙子从头上脱掉时，海伦看到了许多注射留下的针眼。女孩走到那块有野马图案的绣品前驻足片刻。野马群正奋蹄疾驰。鬃毛飞扬。蹄下沙尘四起。

五月，帕特森在海边的空地支搭帐篷，组织了一场团契。男男女女聚在一架风琴旁，在空荡荡的海滩上唱着赞美诗。海伦没去参加。但某天晚上，当所有人驾车离去，

马

她穿过海滩来到大帐篷前,掀开门帘走了进去。帐篷里散发着一股青草的味道,中间堆放着木凳。只有帕特森一个人在,脸上带着倦容。

岛上有马吗?她问。

"没有。"他说,"雇黑工的老板管那些工人叫'马'。他们需要劳动力,乘上一辆小巴,用渡轮载到对岸,再上高速公路[1]向东开。几天以后回来,人要多少有多少。"

帕特森告诉了她雇黑工的老板都是上哪儿去找劳工的。那些犄角旮旯、废弃的工业区和萧条的城郊。小巴在精神病院、戒酒机构附近的酒吧、咖啡馆外等候,那些面色苍白的、在结冰的人行道上踉踉跄跄的"乘客",雪花在广场上飘舞。

整个夏天,帐篷里都在举行团契。讲道者们的声音会传到"光屋"。她从未参加过这些聚会,却知道人们在此期间会来到主的面前,被羔羊的血洁净。

帕特森告诉她,"马"都住在码头后面卖渔网的店里。海伦把那个年轻女子的衣服清洗晾干后拿去了那里。套头衫配短裙是某个久远年代的时髦款式。布料都磨破了,针脚不齐,腋下都是补丁。

渔网店给人一种进入后方的感觉。地上摊着破破烂烂

---

1 原文为德语词Autobahn。

的草垫子。店里散发着一股船用柴油的味道。里面的人看上去都鬼鬼祟祟。她环顾四周，没看见那个年轻女孩，于是把这些衣服交给了一个年长的女人。一个男的手臂上有伤，他用绝缘胶带把一片孩子用的尿片绑在了伤口上。他们是自己罪行的受害者，又给自己作鉴定。

团契结束了，但空帐篷留了下来。晚上，她听到帐篷白色的帆布猎猎作响。

六月的某一天，那个年轻女子从岛上失踪了，帕特森在灯塔发现了她的尸体。他说她前一晚走得太远了，跌进了幽深的海峡。

她躺在领航船的甲板上。两眼圆睁。海伦想知道她目睹了什么。黑色急潮会让人瞥见宇宙的模样，浮游生物如脉冲星发射的光束般游走其间。那些"马"站在码头上俯视着她。大家都无能为力。无关忠诚也无关背叛。一场灾难与另一场灾难总是相似。

海伦想知道，麦田边上的某座城市里，比地铁终点站还要远一点的某个市郊住宅区里，是否曾经有个女孩放学后步行回家。

当他们把她抬上码头的时候，其中一个男人摘下厚厚的眼镜，趴在她身上，他的嘴唇缓缓地嗫嚅，似乎不是在讲话，而是让一个个词从他嘴里掉落至她被水浸泡发胀的脸庞上。没有人阻止他。也许他们的语言中，有用以哀求的古老词汇，有召回灵魂的表达方式。

一周后，她在码头遇到了帕特森。他正在清洗船的甲板。她问他那女孩的尸体是如何处理的。

"会众出钱把她火化了。"他说，"比在她老家花费多多了。"她认为小湾是一个广阔的神秘之地。当它占满了心脏，就再容不下其他。

她留在了屋里。她累得没法去海滩散步了。晚上，那个戴着厚眼镜的男人来到门口。他带来一个牛皮纸包裹。他穿着一件磨损的大衣，看上去就像一个来自遥远国度的使者。他把包裹递给她时，看向她的身后。

他站了一会儿，仿佛在等她要捎回的口信，但她什么都没说。她看着他走到小路的尽头，离开了前往团契帐篷的路，身影消失在海岸边升腾而起的薄雾中，仿佛来自一个现实中不曾有过的梦想之地。

她在厨房餐桌上把包裹打开。是那个女孩从储藏室里穿走的那条红黑相间的连衣裙。她的手指沿着裙子的褶皱抚过，触摸到了之前未曾留意的细节，一些褪了色的金线。她走进楼梯下的储藏室，拿出装着照片和剪报的盒子。几家人聚在阳光明媚的海滩上。湿气在感光乳剂上留下痕迹，相纸斑斑驳驳。海伦想着没有他们的场景。荒无人烟的海滨任凭海风吹打，曾经的风景名胜如今杂草丛生。那些戴着多边形墨镜、穿着款式奇特泳装的母亲，那些胸部凹陷的孩子,他们去哪儿了?

她发现了自己一直在寻找的剪报。上面的日期是三十年前。

蜜月是在"光屋"度过的。为了度蜜月,新娘穿了一条镶有卢勒克斯金线的樱桃红与黑色相间的长裙,戴着黑色配饰,外面罩着一件宽松的外套。

把这条度蜜月穿的樱桃红与黑色长裙留在"光屋"、任凭金线在岁月中褪去华彩的那位新娘,她去了哪儿?她想知道,当夜幕降临、北方有风暴来袭时,这对新婚夫妇会不会玩起卢多[1]或是惠斯特[2]。她想知道他们会不会下注,一起玩游戏,输了的一方会受什么样的惩罚?

她看见那些"马"在一间洗车场工作,洗车场设在镇上一个废弃的车库里。他们穿着外套和破旧的鞋子,手里拎着水桶、握着海绵,拖着步子在汽车间走来走去,如同寒酸潦倒的杂耍演员。她打招呼,也没一个人抬起头来。他们只可能是悲伤而漠然的。他们也许能被别人救出来,但他们自己永远无法救赎自己。

---

[1] 卢多(Ludo),一种棋盘游戏。
[2] 惠斯特(Whist),一种纸牌游戏。

马

医院为她的脑部拍了更多片子,并把剖面图发给她看。

那是未曾测绘过地图的世界。

帕特森曾说岛上没有马,但她不相信他的话。当岛上只有马的时候,它们会在暮色中下到潮位线。它们会用前蹄在冻住的地面上刮擦。它们会张开鼻孔,在寒冷的空气中喷出温热冒烟的气息。

在冬天的头几个月里,帐篷像礼拜堂般矗立在空地上。她拄着拐杖一直走到花园的尽头,这样她就能看到海滩和岛屿了。潮水退去,黑色的海水刚刚离岸。她记起帕特森说的船只在海峡中沉没的情形,心想朝向海的航道还在不在,是否有人能带她上岛。她刚来的时候,那座岛看上去离岸很近,如今看去却隔得远了。冬末,她又开始看到岛上岸边的灯光了。空气很清新,她可以看到手电筒映照出的脸庞,那些人弯着腰,仿佛是在海的边缘祈祷,仿佛是为他们唱给自己的晚祷跪倒。

Sergeant Jackie Noonan was squaring away paperwork when the call came in, just her and the gosling, Pronsius Swift, in Ballina Garda Station.

拉思克里丹枪击案

撰文　科林·巴雷特（Colin Barrett）
译者　亚可

电话铃声响起的时候，杰姬·努南警长正在处理文档。此时的巴利纳警局里除了她，只有一个资历尚浅的警员普龙修斯·斯威夫特。另一名当值警官丹尼斯·克林正在库拉巴根处理一桩车祸。出事的是一辆雷诺梅甘娜，司机是个外地小伙子——他并未酒驾，只是被乡间的羊肠小道绕得手忙脚乱，结果一头栽进国立小学半英里外的沟里。据克林的通报，车已经报废了，小伙子却奇迹般地毫发无损。努南深知那一段路况的险恶：丘陵、深壑、窄道、极少标识、多个突如其来的急转，哪怕一秒钟的走神也能导致一场车祸。

努南坐在办公桌前，把笔记本上的周末工作纪要录入系统。破旧的银色法压壶里泡了咖啡，倒入杯中颜色浓得像黑胶唱片。这是个忙碌又不值一提的周末：十多起小型交通违章；昨天深夜在主街的炸鱼薯条店外，几个不满二十岁的表亲酒后对彼此拳脚相向；今天清晨，一群暑期来访的美国学生随教授在莫伊河畔散步，看见堰闸上横着一具尸体，他们大呼小叫地报了警，结果"尸体"不过是一件粗呢大衣。

努南用左手写下的潦草笔迹一如既往地难以辨认。录入电脑的过程看似单调,却意外地让人平静。陡然响起的铃声将她从全神贯注的状态中唤醒。

"普龙修斯。"她头也不抬地喊道。

铃声继续。

"普龙修斯!"

努南抬起头,普龙修斯不在工位上。办公室里也没有他的影子。

努南走到总台,拿起电话听筒。

"巴利纳警局,我是努南警长。"

"这里刚发生了一起枪击。"一个男人的声音,语气笃定。

"枪击?"努南重复道。这时普龙修斯端着咖啡杯走进来。他今年二十四岁,警校毕业不到三年,依然是个毛头小伙子。他高个儿,却总爱驼着背。高耸的鹰钩鼻,不知所措的眼神,亮晶晶的平滑前额。板寸鬓角处的少年白反衬出未脱的稚气。努南说出"枪击"这个词的时候,他僵在原地,张着嘴望着她。

"枪击?你是说有人被子弹击中了?"努南问电话里的人。

"还能是什么意思?"那人说。

"等一下。"努南把无线听筒放在耳边,回到工位坐下,找出钢笔和笔记本。

"有几人中弹?"她问。

"就一个。"

"一人中弹。男的还是女的?"

"男的。"

"死了吗?"

电话里的人叹了口气。

"没死。他现在还在后院。情况不太好。"

"依你的判断,他的伤势如何?"努南说。她举起一根手指在普龙修斯面前晃了晃,然后指向他工位上的电话,意思是"联系卡斯尔巴医院的救护车"。

"伤得不轻。那一枪原本只是个警告。我必须澄清,我那么做完全是为了我和我儿子的生命安全。我压根没有瞄准他。是他私闯民宅在先。我只是担心自己的生命安全,那一枪是想吓唬他。"

那人应该是在户外打的手机,他的声音在呼啸的风声中时断时续。

"告诉我你的名字。"努南说。那人没有立刻回答,于是她补充道,"请务必回答我的问题。"

"伯蒂。伯蒂·克里登。"那人说。

"你家在什么位置,克里登先生?"

"拉思克里丹。我在拉思克里丹的远郊。"

"你得说得更具体一点。"

"沿着伯尼科隆路一直开到米尔斯路口。你知道米尔斯路口吗?"

"知道。"努南说。她在笔记本上草草写下"米尔斯路口"。"然后呢?"

"到了米尔斯路口,走左边第三条路。在那条路上开一英里半,你会看到一座农场,黄房子,房前有一辆垫在砖上的92年菲亚特房车。"

"黄房子,92年菲亚特房车,垫在砖上,"努南边写边重复道,"好。除了你、你的儿子和伤者,农场里还有别人吗?"

"没了。"

"现在说一下那人的伤势。那人中了几枪?"

"就一枪。那是个意外。我刚才说了。"

"他什么部位中的枪,你看得出来吗?"

"他的……肚子。上腹部。"

"什么枪?"

"猎枪。"

"双管猎枪?"

"双管猎枪。"

"是你的枪,对吗?"

电话那头的人清了清嗓子,声音里隐约透出一丝庆幸。

"枪是合法注册过的,幸亏有这把枪。"

"据你的观察,那人血流得厉害吗?我不是叫你去碰他的伤口,但可能的话先帮他止血。"

"我儿子把家里所有的毛巾都找出来了。我们已经尽量给他止血了。"

"很好,克里登先生。保持按压止血。我们马上赶到。救护车也出发了。我现在需要你把枪的保险栓拉上,如果你还没有的话——"

"这家伙是自找的,"克里登打断她,继续用笃定的语气说,"他这是私闯民宅,我们发现的时候他正在作案。我只是为了我和我儿子的生命安全。这一点我必须澄清。"

"好的。我们十五分钟后赶到,克里登先生。别忘了拉上保险栓。别让这把枪再惹麻烦了。"努南的话还没说完,耳边就传来电话挂断的声音。

努南把听筒放在桌上。

"听明白了?"她问斯威夫特。

"救护车已经出发了。"斯威夫特说。

"看我们能不能先到一步。"努南说。

出发之后,努南和斯威夫特通过警用对讲机连线克林。

"枪击,男子中弹,枪械依然在手。"克林听完努南的简报后总结道。

"没错。"努南说。

"我在想我们是否应该通知特警队。"克林建议。

"是开枪那人自己报的警。我的问题他都回答了。他听上去并没有丧失理智。"

"枪械还在场的情况下,理智是靠不住的。"

"我们先去现场看看情况。暂时用不着上报。"

"我在巴利纳的另一侧。我现在立刻赶过去。听着,努南,如果你们在现场发现任何异常,我要求你立刻撤离待命。"

"明白。"

"一切顺利。"克林说完挂断了。

距米尔斯路口差不多两英里的时候,前方一辆行驶缓慢的拖拉机挡住了他们。拖拉机后面挂了一辆挤满绵羊的拖车。警笛呜呜地催促着,警车的车头几乎已经贴上拖车尾部。无奈道路太窄,拖拉机无法让警车通过。

"我操。"努南望着眼前摇摇晃晃的拖车说。车上的绵羊挤得密不透风,羊毛上的红色标记酷似凌乱的血手印,羊鼻子从栅栏间探出来,不安地嗅个不停。好不容易挨到道路变宽,努南猛踩油门,警车子弹般地从拖拉机旁边飙过。

他们按那人的指示,在米尔斯路口拐上左边第三条岔路。这条路横穿整个拉思克里丹,很窄,仅容一辆车通过。

拉思克里丹是一片毫无起伏的荒凉农场，农舍间隔很远，各自通过羊肠小道与主路相连。田野中伏着的牛群仿佛突兀的岩石，沐浴在日落前最后的光线里。树篱低矮处，同样的光线透射过来，在努南眼前产生炫目光斑。她翻下遮阳板，顺便看了一眼身边的小伙子。斯威夫特比平时更沉默，两眼凝视着窗外，一条腿不住地抖动。

"阳光真漂亮，"努南没话找话地说，试图把斯威夫特从他的世界里拉回来，"我上次见到这么漂亮的阳光还是在瓜达拉哈拉[1]。你知道瓜达拉哈拉在哪儿吗，普龙修斯？"

"比贝尔马利特[2]远点儿？"

努南笑了。

"这么说倒也没错。我几年前去过一次。你无法想象那个地方有多美。阳光落在地上的方式都和这里不一样。"

"我猜世界上每个地方都不一样。"

"没错。我们是结婚纪念日去的。那是特雷弗的主意。他是我们家里爱旅行的那个人，"努南继续说，特雷弗是她的丈夫，"很多人喜欢的是旅行的目的地。但特雷弗喜欢的是旅行本身：行李、安检、时区、飞机上分发的那种盖着锡箔纸的盒饭，他甚至喜欢带着我家那两个烦人的青春期

---

1 瓜达拉哈拉（Guadalajara），墨西哥第二大城市，因其传统、文化和烹饪而闻名于世。
2 贝尔马利特（Belmullet），爱尔兰梅奥郡的海滨城市。

男孩出门。这些事让他莫名兴奋。而我呢，即便这辈子再也不经过安检门，我也能活得很好。你去过什么有意思的地方吗，普龙修斯？"

"我去过贝尔马利特海滨。"

"那也不错。"

"嗨，"斯威夫特说，"其实我也对旅行不感兴趣。随便找个地方，我就能一直待下去。"

"你跟我是一类人。"

这时一间农庄出现在他们的眼前——碎石路尽头的低矮平房，屋后红色镀锌顶棚的农舍。前院的杂草上孤零零地停了一辆巨大的白色房车，看样子随时可能散架。

"让我们看看什么情况。"努南说。

她关掉警笛，把车从缺了门扉的水泥门柱间开进去。警车颠簸着轧过一排倒下的牛栏，松散的木条在轮下咔嗒作响。房车旁置了几件破旧的户外桌椅，还有一个看着像直接在地上挖出的小火坑，坑沿围了一圈炉灰，里面插了几只空酒瓶。草地上还散落着袋装饲料、一个拆得七零八落的生锈引擎、油布碎片、木屑、金属水管、塑料水管，以及乱七八糟的小零碎。

"好家伙。"努南说。

"你看。"斯威夫特朝前方扬了扬头。

一个男人从房侧绕过来。他一只手按着头,另一只手朝前举了起来。

努南熄火、下车,用车门掩住身体。斯威夫特在另一侧依样而行。

"这是克里登家?"努南问。

"没错。"那人说。

他用一张蓝白格的餐布按着太阳穴,餐布上渗出的似乎是血。

"我是巴利纳警局的努南警长。这位是斯威夫特警官。你是伯蒂·克里登?"

"啊,显然不是。"

"那你一定是他的儿子?"

"这次你猜对了。"

"你叫什么名字?"

"每个认识我的傻×都管我叫'泡沫',虽然谁也没征求过我的意见。"

"泡沫"看上去三十出头。他身材敦实,头发剃得很短,身穿一件褪色的灰T恤,胸前印着"**石器时代皇后**,

庸俗年代[1]",白色字母已经斑驳脱落。他的胳膊上散布着暗红的未干血迹,仿佛鸟儿飞过洒落的粪便。

"听说这里出了点儿意外。"努南说。

"是的。"

"你的头也是刚才受的伤?"

"不厉害,还好。""泡沫"说。他揭开按在太阳穴上的餐布让他们看 —— 眉毛上方豁了一道口子。

努南吹了声口哨。

"看样子你得缝上几针。我听说后面还有个伤势很重的人,是吗?"

"是的,没错。"

"你身上是他的血?"

"有些是,嗯。"

"能带我们过去吗?"

"可以。"

"急救包。"努南对斯威夫特说。斯威夫特打开后备箱,取出一个缀满口袋的笨重背包,把它递给努南。

"前面带路。"她把急救包搭在肩上。

"泡沫"清了清喉咙。

---

[1] 石器时代皇后(Queens of the Stone Age),1997年成立的一支硬摇滚乐队。《庸俗年代》(*Era Vulgaris*)是他们2007年的一张专辑。

"当时那种情况,希望你们能理解。我父亲这么做,完全是为了我们的生命安全。"

"放心,我们会考虑的。"

"泡沫"领着努南和斯威夫特沿一小段土路来到农庄后院。地面上杂乱铺了一层已被踩成草席状的麦秆。努南看着"泡沫"满不在乎地踩在一团餐盘大小的牛粪上,靴子在牛粪边沿留下一个啃咬似的新鲜印记。空气中弥漫着饲料与牛粪杂糅而成的略带甜味的浓郁气味。几头牛从镀锌铁皮的牛棚窗口探出头来。它们木然眨着眼睛,眼圈泛红,仿佛刚从梦中醒来。

"我们发现的时候他就在那儿,你说有多猖狂!""泡沫"指着牛棚旁边立在砖座上的巨大圆柱形油桶说。

"他是来偷油的?"努南问。

"真是个蠢货,""泡沫"说,"去年冬天的油早用光了,今年冬天的油过几个月才会准备。谁家会在大热天灌满油?"

他们经过最后一排牛棚,走入一片开阔地。十五英尺开外站着一个矮小男人,他面前的地上躺着另一个男人。努南看见远处奥克斯山脉呈锯齿状的低矮山峦。

"伯蒂·克里登?"努南朝站着的人大声问道。

"是我。"克里登说。他的目光依然盯着地上的男人,猎枪随意地斜夹在腋下。

努南稳步朝他靠近，脚下不疾不徐，尽量避免突然的动作。当两人之间只剩下几步距离时，他才抬头看她。克里登瞪着一双潮湿的蓝眼睛，面颊上浮现出断续凸起的静脉；一头常年被风吹得稀疏的黄发，口中两排细碎的虫牙。努南伸出一只手握住猎枪的枪管，他没有抗拒。她继而用另一只手抓住枪托，坚定又温柔地把枪揽入怀中，仿佛接过一个婴儿。她检查了枪的保险，掰开枪身，卸下弹夹，装进自己的口袋。

"好了。"努南说。

她把枪递给斯威夫特，又回头看了一眼克里登，确认没有异动，这才把目光投向躺在草地上的人。他很年轻，干瘦的四肢摊在地上，黑色的头发成缕贴在苍白的前额上。他的脸痛苦地扭成一团，以至于努南没能一眼认出他。直到他紧闭的双眼颤抖着张开时——眼睛也是蓝色的，但比农夫眼睛的蓝色更鲜亮，近乎荧光蓝——努南才意识到这是一张她认识的脸。

"我的上帝，是你吗，迪伦·贾奇？"

迪伦·贾奇从喉咙里挤出些声响，表示肯定。

迪伦·贾奇是巴利纳城里人。他是那种"在警局挂了号的"，二十出头就积累了不容小觑的轻罪记录：私闯民宅、酗酒滋事、私藏毒品。贾奇是那种一天不偷鸡摸狗就浑身不舒服的小贼，可惜他空有犯罪的欲望，却没有作案的天赋。他从不提前计划，一见机会便冲动行事，旁人只凭轻飘飘几句话便能拉他入伙，哪怕他从中捞不到任何好处 —— 只要这件事不需要他花功夫准备或是动脑子思考。努南在贾奇身边的草地跪下，从肩头卸下急救包。她撕开一袋乳胶手套戴在手上。

"还记得我吗，迪伦？"

"记得，记得。"他嘟哝着。

"我是努南警长，杰姬·努南，巴利纳警局的。那位是普龙修斯·斯威夫特警官。"

"普龙修斯——"贾奇虚弱地讥笑道。

"好吧，确实是个少见的名字。"努南说，然后开始检查贾奇的伤口。他的腹股沟处塞着一大团毛巾，臀部还塞了几条。毛巾和牛仔裤都被染成了熟李子般的紫红色。从出血量上判断，他的伤势很重。她展开纱布，取出创伤剪。

"记得我们上次见面吗？"努南问，"我们追踪一个倒卖香烟的窝点，最后找到了你家。"

"你们大清早的冲进我家。"贾奇一本正经地回忆道。

"我们原以为能人赃俱获，迪伦。"

"你们不太走运。"

"只是那天不太走运。"

那应该是一年多以前的事了。警局接到可靠线报：贾奇囤积了一大批从北方走私来的香烟。他们申请了搜查证，突袭了贾奇在格伦花园小区的住所。严格意义上那并非他的住所，因为租房合同上写的是他女友的名字，如果努南没记错的话。他们在黎明时分突袭了那栋房子。贾奇、女友和他们的小女儿裹着睡衣站在清冷熹微的晨光里，看着警察把房子里里外外掀了个遍。努南依然记得他的女友：一米五的身材，瘦得像根棍，嘴里却像喷火似的骂个不停，而她怀里的女孩——看样子只有三四岁——睁着一双大眼睛，一言不发，安静地看着警察进进出出。努南不记得那天曾见过贾奇的正脸，他从始至终躲在暴怒的情人身后，眼睛盯着地面。他的肢体语言似乎已经认罪了，但突袭却意外地落了空。他们仅在后院看似可疑的空牛棚的油布下找到几条香烟，完全不足以用"意图贩卖"来定罪。

"你还和那个小丫头在一起吗，迪伦？那个牙尖嘴利的姑娘？"努南问。她希望对话能让他保持清醒。

"艾米，你是说？还是那个妞儿没错。"

"那么娇小一个姑娘，穿着毛拖鞋，骂出来的话可真难听。不过她怀里抱的那个女孩乖巧得像个芭比娃娃。你女儿几岁了？"

"那是艾米的女儿。"

努南小心翼翼地揭开贾奇腹股沟上的毛巾。贾奇猛吸了一口气。

"没事，没事，"努南说，"是不是你亲生的并不重要，只要你对她好就行了。"

"我对她就像对待女王一样。"他嘟哝着。

"这我相信。忍着点儿，迪伦。"努南说。她脱下贾奇的运动鞋，拎起他的裤脚，用创伤剪剪开牛仔裤，从脚踝一直往上剪到臀部。她掀开他大腿上的布片，露出几处血肉模糊的黑色弹孔。他的皮肤上沾着黏稠的血迹，伤口还在汩汩往外冒血。努南继续剪，小心地撕开他的T恤。他的腹部完全浸在血泊中，有好几处触目惊心的穿孔，就像被公牛顶伤的。努南的鼻腔里钻进一股恶臭。她愣了一下才意识到那是人粪的气味。

"情况怎么样？"贾奇哑着嗓子问。

"看样子你中弹了。"

"啊，我操，我会死吗？"

"会死的话你现在已经死了。"

努南眼下唯一能做的，就是尽量让贾奇保持清醒和冷静。她稳住双手，把绷带撕成条，一条一条铺在看上去最严重的伤口上，然后眼睁睁地看着每一层纱布瞬间被染成鲜红。她抓起一块毛巾重新按在他的腹部。她听到近处一个微弱、持续的声响。循声望去，在贾奇头下的草地上，一只耳机正释放出快速、细微的节拍。

"那女孩叫什么名字?"努南问,但贾奇没有回答。他的眼皮颤动着往下坠,仿佛一个对抗瞌睡的孩子。他的嘴唇已经没了血色,紧贴在牙齿上。

"醒醒,迪伦,"努南用手指拍着他的脸喊道,"救护车马上就到了。醒醒。他们会给你注射些好东西。医药级别的麻醉剂[1],我不开玩笑。"

努南在贾奇的脸上隐约看到一个微笑,至少是嘴角微微上扬。几英尺外的草地上散落着两只塑料桶,其中一只的桶口插了一截软管,桶里装了少量尿液颜色的油,另一只桶是空的。努南揣测着贾奇可能的逃窜方向,然后她注意到草地远端的斜坡上停着一辆沾满泥点的白色四轮摩托——旁边必定是一条偏僻小路。

"看见了吗?"她对斯威夫特说,"逃逸车辆。"

她想起"泡沫"刚才在院子里说的话:再没有比在夏天偷油更蠢的事了。努南在乡下长大,房子后院有一个油桶,每年秋凉时节便会灌满。虽然客厅壁炉里会一直生着火,暖气的使用却是精打细算的。按照父母的计划,那一桶油要挨过整个冬天。所以杰姬·努南的家是个冰冷的家。努南还记得,兄弟姐妹中但凡有谁敢说一句冷,母亲就会

---

[1] 英语里"麻醉剂"(narcotic)也有"毒品"的意思。

咆哮着叫他们多套件毛衣。当时她和莫琳、帕特里夏三人同睡一个房间。她依然记得床头上方那一扇单层玻璃窗，还有落满苍蝇粪便的窗台散发出的腻子味儿，以及寒冬清晨她的指尖触到那层单薄玻璃时的刺痛感。

她一只手握着贾奇的胳膊，两根手指按在他的手腕上。那条下坠的胳膊仿佛一个冰冷的陌生物件。他依然在呼吸，但她希望能实实在在地感觉到他的皮肤下面跳动的脉搏。她的另一只手持续用毛巾按压最严重的出血点。他头下那只耳机里不断传出极其细微的"哒、哒、哒"的声响。粪便的恶臭似乎越发浓重。她感觉那股气味慢慢钻入她的毛孔，覆盖她的咽喉。努南相信，如果救护车不能立刻赶到的话，迪伦·贾奇就没命了。即使救护车到了，或许也无济于事。

"他们到了。"斯威夫特大声宣布。

努南抬起头，三个人影正小跑着穿过农场。领头的是丹尼斯·克林警长，后面跟了两名抬担架的医护人员。克林跑近的时候忽然一个趔趄。

"操！"他大叫。

"你还好吗？"努南问。

"差点把脚踝扭断。"

两名医护把担架放在努南和贾奇身边的草地上。

"交给我们吧。"其中一人说。

努南站起身，后退了几步。她隔着手套用手背捋了一下眉毛，血沾上前额。冰冷黏稠的感觉。

"那是迪伦·贾奇。"她对克林说。后者正咧着嘴试着转动脚踝。

"你说真的？"克林眯起眼睛，冷冷地打量着贾奇那张苍白无神的脸。

克林年轻时候曾是康诺特省的橄榄球员。他的左耳边缘疙疙瘩瘩的仿佛一串树瘤，鼻梁因为反复受伤而变得扁平。这些过去的伤痕，以及凸起的将军肚和粗壮的脖颈，无一不彰显出力量与能力。努南能够听见气流从他塌陷的鼻腔里辗转而出的响声——那个响声总能带给她安全感。

"当时贾奇正从院子里的油桶里偷油，这两个人阻止了他。"她说。

克林抬起脚，小心地转了转脚踝，然后放下。

"谁开的枪？"

父子两人都没有吭声。

"伯蒂，岁数大的那个。他说是自己开的枪。"努南说。

"我不是故意的。"伯蒂·克里登说。

克林冷笑了一声。

医护正在准备搬运贾奇。他们把他绑在担架上，为他戴上氧气面罩。克林碰了碰努南的胳膊肘，示意她待在原地。他走到医护跟前，与其中一人低声交谈了几句，然后看着他们抬起担架朝农场大门走去。

"他还活着吗？"克林回来的时候努南问。

克林不置可否地哼了一声。

"你赶到的时候我感觉他快不行了。"努南说。

"这事儿你说了不算。在他们正式宣布死亡之前，他就还没死。"

克林转头望向克里登父子。

"说说都发生了什么。"他说。

"下午我们去了趟在巴拉的超市，"克里登说，"今天我们比平时回家早了点儿，因为我儿子今晚有足球训练。我们一到家，'泡沫'就去院子里查看牲口。"

"然后我就看见他了。你说他胆子有多肥，像骑马一样骑在油桶上，""泡沫"说，"当时他背对着我。我忍不住喊了声'嘿！'，但他根本不理我。"

"泡沫"用一根手指指着自己的耳朵。

"那家伙戴了一副耳机！光天化日之下，大模大样地骑在油桶上面，还惬意地听着音乐。我给老爸打了个电话，说后院有个贼，让他赶紧过来。这时那个家伙回头发现了我。他噌的一声跳下来,手里抄起一根钢筋——天知道他从什么地方拿出来的——我还没反应过来,他就在我的脑袋上重重地来了一下。"

"我赶到后院,"克里登说,"看见这家伙手里抄着一根钢筋,我儿子倒在地上,脑袋正在冒血。见到儿子这副样子,我吓坏了。他一看见我就开始往外跑。"

努南回头看了看后院,又低头看了一眼贾奇刚才仰面躺倒的凌乱草地。

"他逃跑的时候你开的枪?"她问。

"你知道当时我有多害怕吗?我不知道他要去哪儿,还会干出什么。我不知道我儿子伤得有多重。我担心他会拿着比钢筋更厉害的东西回来,把我们俩全部干掉。那一枪只是个警告。"

"如果他往那个方向跑,他应该背对着你,那一枪怎么可能击中他的腹部?"

"我记不清了——当时一切都发生得那么快。"克里登结结巴巴地说。

"但他确实是背对着你逃跑的?"

克里登摇了摇头:"我不知道该怎么跟你解释,我的脑子很乱。我一心只想着保住我和儿子的命。"

"你说当时没有瞄准?"

"我用性命担保,没有!"

"你没有瞄准,却他妈恰好击中他的要害。"努南说。

"是他私闯民宅在先,"克里登愤怒地指着地面,"私闯民宅!"

这个年迈的农夫扭头望向奥克斯山脉,似乎在平复自己的心情。嶙峋的山峦在暮色中发出微光。

克林从皮带上摘下一副手铐,将它弹开。

"斯威夫特警官,"他说,"请你为克里登先生戴上。"

"我不会反抗的。"克里登说。

"克里登先生,这是接下来的程序,"克林说,一边把手铐递给斯威夫特,"取证小组正在路上,等他们到达现场,我们会把你和你儿子带回警局录口供。手铐是为了你自身的安全。普龙修斯,你现在可以从前面把他铐上。"

斯威夫特把克里登的双手在腰前并拢,套上手铐。

"到这边来。"克林朝草地中央走了十来步,受伤的脚着地时依然颤巍巍的。努南跟了过来。

丹尼斯·克林今年四十九岁,努南四十五岁。他比她早十八个月升为警长[1]——他比她多干了几年才获得晋升,但毕竟在时间上早她几步——因此,依据所有官僚机构里都存在的不成文规定,虽然两人职级相同,克林仍被视作

---

[1] 在爱尔兰警衔制度中,警长(Sergeant)比普通警员职级高,比后面提到的警督(Inspector)低。

她的上级。从没有人明确告知她这一点,其实这也无需讲明,克林自己更不会直白地讲出来。他与努南相处时的言行可以说无可指摘。他总是注意征求她的意见,也常常听从她的判断。她当班时,他会给她充分的自由和决定权,但努南时刻无法忘记的是,那些自由和决定权只是一种授权,一种只有他才能给予的授权。努南清楚这一点,克林也清楚。她早就接受了这种安排,也尽力不因此而忌恨他。即便没有他,这个位置上也会有另一个家伙,没准儿还不如他。克林为人公正、果决、可靠。他是个好警察。

"脚踝怎么样?"努南问他。

"死不了。你还好吗?"

努南摘下警帽。海军蓝的底色,帽顶的黑色缎带上嵌着金色警徽。努南在手里转了转警帽,又把它戴回头上。

"真是个漫长的周末。"她说。

克林凝视着农场的尽头。

"它们看上去还不错,不是吗?"他朝奥克斯山脉点了点头。

"嗯。"

"梅奥郡就是这个样子。从远处看,它还有模有样。等你走到近处,才发现不过如此。"

努南挤出一个微笑。

"需要通知家属,"克林说,"你能处理吗?"

努南点了点头。

克林盯着她看了几秒钟,掏出一包纸巾递了过去。

"你的额头,"他说,"你去他家敲门的时候,脸上最好别沾着那个可怜鬼的血。"

取证小组赶到现场,同时到达的还有卡斯尔巴的伯克警督和麦克尔罗伊警督。克林和两位警督押送克里登父子返回巴利纳警局。努南和斯威夫特也先回了趟警局——努南洗脸更衣,顺便核实了系统里贾奇的住址。那套格伦花园小区的公寓在艾米·马拉利的名下。努南拨通了住宅电话,无人应答,她决定不留言。她给特雷弗打了个电话,说自己要晚一点回家。

"你感觉怎么样?"当警车堵在市中心时,努南问斯威夫特。

"还好,"他说,"我是说,你知道的。"

他的思绪似乎在那里中断。他木然地微笑,眼睛盯着窗外的巴利纳街道,似乎无法确认它们是否真实存在。天色更暗了,街灯投下刺眼的黄色光柱。

"你入职后第一次见到有人死?"努南问他。

"还没有确定死亡。"

"暂时没有。第一次?"

"去年圣诞节伊斯基有个小子在牛棚里自杀了。"

"我说的是他杀。"

"我刚从警校毕业那会儿,都柏林出过两起黑帮火拼。不过我只在事后勘察了现场,没像今天这样看着一个人慢慢死去。你呢?"

努南摇了摇头。

他们在乐购停车场的入口等红灯,一群十几岁的少年正穿过马路。他们一行五人,队形松散。他们身穿款式雷同的品牌连帽衫,下身穿运动裤或是牛仔裤。他们的脸都还很光滑,黑色头发。乍一眼看上去,他们难分彼此,没准是一家的兄弟。他们从一盏街灯的光柱下走向相邻的光柱。努南望着少年们起伏的头,他们旁若无人地大声说笑。努南笑了 —— 男孩就是这副样子:他们只有一种发型。那种发型每隔几年会换一次,无论是哪种发型,每个男孩都会去剪。努南记得有段时间 —— 十年,十二年,还是十五年前? —— 流行的是金色挑染,于是每个趾高气扬的小混混头上都顶着几缕挑染成金色的头发。时下流行的是两侧剪至极短的板寸,头顶仅留出可以往前或往侧面定型的长度。她自己的儿子如此,眼前这群小子也无一例外。有那么几秒钟,努南的目光落在那个独自走在最后的男孩身上。他个子最高,皮肤最白,默默地沉浸在自己的世界里,似乎对前面四个同伴的说笑毫无兴趣。他抬起头,恰好与努南的目光相对。努南下意识地从方向盘上抬起两根手指——爱尔兰乡下传统而简洁的打招呼方式。男孩淡然和善的脸忽然扭作一团,朝警车旁的地沟里重重地吐了一口浓痰,然后继续往前走。

"你看见了吗?"努南问斯威夫特。男孩们在后视镜里渐行渐远。

"看见什么?"斯威夫特嘟哝着。

努南把车拐上路缘,按开安全带搭扣,开门跳上人行道。她几步追上那个男孩,一把揪住他的后领,把他按到停车场围墙上。她用力很猛,自己的警帽也被震落,转着圈掉在地上。

"你刚才什么意思?现在你有什么想说的?"努南冲着男孩的脸大吼。

男孩惊恐地看着她,下颌紧咬,一块肌肉不自觉地跳动。

"嘿,他什么也没干。"他的一个朋友打抱不平。

"闭嘴。"刚赶到的斯威夫特对那个小子说。

"嗯?"努南问男孩。

"你说说我干了什么?"男孩说。

"你知道你干了什么!"

男孩没再出声。他下颌的肌肉停止了跳动。

"把帽子捡起来。"努南说。

男孩看了一眼躺在地上的警帽,又抬头看了看努南。

"捡、起、来。"

努南松开手,男孩俯下身,把警帽捡了起来。当她从他的手里夺过帽子时,他灵活地跑出她的控制范围,整了整弄皱的上衣。

"你不能无缘无故抓人。"他说。他看出努南已经放过了他,说话也有了底气。

努南看了看斯威夫特,又看了看男孩的朋友们。她走到男孩面前。

"你很清楚自己做了什么,"她说,"而且你知道我知道。你他妈放尊重一点。"

她戴上帽子,朝斯威夫特点了点头,转身就走。

"到底怎么回事?"上车后斯威夫特问。

"先把手头这件事办完吧。"她重新把车启动。

格伦花园小区的中心有一大片椭圆形绿地。几个少年在路灯昏黄的光线下玩橄榄球,还有几个懒懒地躺在草地上旁观,身边摊着一小堆塑料袋和软饮料瓶。

"看见了吗?"努南说,"我敢打赌瓶子里有酒。"

"你想毁掉他们的晚上吗?"斯威夫特问。

"今晚算他们走运。"

他们花了些功夫才说服马拉利开了门。他们穿过门厅，努南往客厅里瞥了一眼。整个房间沉浸在电视的荧光里，那个小女孩——她的四肢比上次更修长了——正蜷在椅子里捧着一个iPad。马拉利领着他们进了厨房。她依然瘦得皮包骨头，头发盘成一个菠萝形状的髻子，说话时脖子上的肌腱像高压线一样紧绷。努南小心地给她讲述了农场事件的梗概：贾奇暴露无遗的偷油计划，农场主与他的正面冲突。她说他中弹了，伤得很重，除此之外再没有透露更多细节。这一次马拉利没有喊叫也没有爆粗，只是默默听完努南的讲述，既不争辩也不否认。她唯一的问题是，迪伦是否会死。努南重复道，他被送去了卡斯尔巴医院，她目前了解到的仅限于此。

马拉利给母亲打了个电话，叫她过来照看女儿。努南和斯威夫特在一旁等待。马拉利最终同意让斯威夫特陪她去医院。

努南驱车回到警局，警督那辆没有警徽的福克斯就停在门口。努南去自己的座位取来法压壶，走进警局那间逼仄的厨房。克林正在厨房里，身前的台面上放着几个咖啡杯。他盯着炉火上响声渐起的水壶，若有所思的样子。

"卡斯尔巴最牛的两位警督怎么样？"努南问。

克林醒过神来，勉强挤出一个微笑。

"他们正在大显身手，而我只配来泡茶，"他说，一边把沸水从水壶倒进杯子里,"你和他的家人聊过了?"

"他的女朋友。斯威夫特陪她去卡斯尔巴医院了。"

"他俩完事之后就要看你的报告。"

"我这就动手写。"她朝他晃了晃手里的法压壶。

克林后退一步让出台面。他看着她给水壶灌满水,冲净法压壶,再往里舀了两勺速溶咖啡。

"你知道吗,有专门给你这玩意儿用的咖啡豆,"他说,"研磨的,全豆的,还有香草的,真正的高档货。"

"我知道。在乐购见过。"

"你从没想过试试?"

努南端详着手里的法压壶,银把手上多了个缺口,玻璃壶身也弄上了几道划痕。这是特雷弗多年前送她的礼物。他有一种善意的错觉,以为这件礼物能鼓励她尝试更好的咖啡,而不总是选择最廉价的速溶咖啡。

"我总是无法迈出第一步。每次我在超市看见那些高档货,我会想,啊,下次吧。等到了下次,我还是同样的想法。"

"医院那边有消息了。"克林说。

"是么?"努南说。

"我刚才给他们打电话的时候,贾奇刚从手术室出来。医生说未来几天还存在变数,但他很可能会活下来。"

"你开玩笑吧?"

"不开玩笑。"

水壶里的水开了。努南往后靠在台面边缘。

"那个小混蛋,"她说,声音里交织着释然与厌恶,"啊,那个无可救药的小混蛋。"

"我猜你可能救了那个无可救药的小混蛋的命。"

"别说了,"努南抱怨道,"刚才我们给他的女朋友讲述事件经过的时候,我脑子里反复在想,贾奇挨的这一枪算是帮了她一个大忙——她这辈子都解脱了。"

"很抱歉,他活下来了。"克林说。

"我当时觉得他肯定不行了。"

"我第一眼看见他的时候也这么想。但是至少到目前为止,迪伦·贾奇还是个活人,这都得感谢你。"

"感谢我。"努南摇了摇头。

她给法压壶灌上热水,回到工位上。她知道写这份报告得花上点时间。她决定先把最重要的细节迅速写下来,之后再在电脑上补全。她坐下来,翻开笔记本,重读了一遍自己在接到伯蒂·克里登的电话时留下的潦草笔记。

枪击

一个男人

伯蒂·克里登

拉思克里丹

米尔斯路口

左边第三条

黄房子

92菲亚特

儿子

一枪

双管

流血

她倒了一杯咖啡,把笔记本翻到新的一页,提笔写了起来。

人们不再了解彼此,不再真正相爱,婚姻是失败还是原本有可能维持变得不再重要;而这一切怎么可能不重要呢?
/
露西·考德威尔

I told the undertaker that I wanted to organise a funeral for my father. I said it felt right to let on that the man deserved a send-off, and these are the things good daughters do.

埋了我父亲你会死吗?

撰文　　莉萨·麦金纳尼(Lisa McInerney)
译者　　柏栎

我对殡葬人说,我想为父亲办一场葬礼。我说,感觉这样做是对的,假装那个人值得一场告别仪式,而这些事是好女儿该做的。

殡葬人朝我看了一眼,眼神中的意味我完全明了,我和他的女儿们一起上过学,不止一次在他家的餐桌上吃过饭,在他家中睡过几回觉,还有一次莫名其妙地半夜不睡,坐在他家客厅里,把他吓了一跳。他提醒我,我父亲还没死。

我说他可能死了,想了想终究没说出"他对我来说已经死了",这句话太荒唐,虽然也是事实。我对殡葬人直呼其名,这种行为仍然让我感到害臊,哪怕我现在已有了自己的孩子。我差点没扑嗤笑出声。罗伯特,我说。用沉重严肃的语气压住了嗤笑。罗伯特,你是了解我的。这话也让我感到害臊。有点像宣称自己在这个地方也算是个人物,人人都应该认识。这话里有股强烈的自命不凡的口气,但问题是,我本来就不属于任何人,这就是为什么我想要摁上父亲的棺材盖再敲上钉子。

殡葬人在他办公桌前伸了个懒腰,双手交握放在膝盖上。他收紧下巴,皱起眉头,这让我想起来一个陶瓷小丑。他身材修长,五官精致,不像是干这行的,不过他说话办事有条有理,而且我觉得他并不亲自动手挖墓穴,所以不必一身横肉。即便如此,我看得出他但愿不用接下跟我讲理的任务,也但愿不用连做梦都梦见撂挑子,他只想沉浸在自己的遗憾里,拉拉杂杂说一会儿无济于事的话。他说,不管你信不信,这种事自有一套规章制度、行业准则,可以这么说。没有遗体,就不能办手续。殡葬人的办公桌是个便宜货,像是从什么邮购目录上买来的。桌上放着一台硕大的电脑显示器,一个发黄的键盘,别的就没什么了,这也许是因为他天性喜欢整洁,但在我看来就像是一个骗子的配置,像是某个长得一表人才的小伙子正在布局诈骗一家船运公司,万一警察找来,他随时会翻墙逃走。

我对殡葬人说,我不反对把这场葬礼重新归类为搞排场,只要我们能按常规流程办理即可。葬礼可以办得像麦卡纳斯[1]那种庆典,我说,一个社区化装游行。绝不会显得奇怪,我强调,如果照这种风格办。殡葬人说,肯定会奇怪的,我既然一直生活在本地,就意味着人们会知道这事背后的恨意,无论我摆上多少桌,放上多少小三明治和茶

---

[1] 麦卡纳斯(Macnas)是爱尔兰戈尔韦市著名的街头表演公司,每年在圣帕特里克节、万圣节等节日时举行化装游行活动,成为爱尔兰的一大盛事。

水。这件事不单会让我个人的名誉陷入危机，而且原本就有够多人觉得我们这地方的人都是十足的疯子了。

我承认这话说得不错。

殡葬人当然早已从他干的这一行当中知晓何为失去，而他的个人生活也让他对此深有体会。他板着脸把我送到殡仪馆的大厅门口。我不该说"化装游行"那个词，因为与他结婚将近二十五年的妻子，就在前一年跟她业余剧团里的一名演员一起跑了。她叫米歇尔：他妻子和那位女演员都叫这名字。关于这一变故，流传了许多笑话，并不仅仅因为第三者的性别。对于一个男人来说，你能被一个女人所取代，找什么借口听上去都很好笑。首先让妻子加入业余演出团体就不明智，因为这会导致她接受穿宽松上衣、吃藜麦之类的新式概念。在某种意义上，这是殡葬人自己一手造成的。他在死人身上花了太多时间，就无心揣摩活人的心思，而这对于已婚男人是至为重要的一项技能。

在殡仪馆大厅门口，殡葬人问起我的儿子们，他们考试如何，培训如何，对我要办的这场葬礼有何想法，也许他指望我会低下头，说还没有把计划告诉孩子们，但我早已和他们商量过此事，虽然没得到他们的支持，但肯定引起了他们的关注。殡葬人沉着脸说，他知道我的情况。他是知道。但满足我这种心血来潮、为所欲为是不明智的，因为那样只会让我精神崩溃，其情形便是他们在奥乐齐超市找到穿着睡裤走来走去的我，抽噎着，把中间货架上的东西从包装里拆出来，大声念出上面的产品设计和用途。这是预见得非常具体的场景了，所以我寻思着他是不是已经听说了什么堪称灾难的事才会这么说。

　　我没有参与散播关于两个米歇尔的笑话，因为我是个体面人。我应该处事得体，因为我觉得有必要证明自己值得被爱，因为我父亲不想认识我，也从未想过要认识我。

　　正当我和殡葬人心平气和而别扭地站在那里时，一个穿蓝色卡其裤的人从街上走来。我没认出他，但殡葬人朝他点了点头，我便也点了点头，而这人略略颔首，微微张嘴，发出一个类似呼气的声音，并不像是说了一句话或一个字，这举止在当地也不算奇怪，但还是让我恼火。你可以说我没兴致搭理这种不露声色的人。殡葬人一直盯着蓝卡其裤男，直到他走远了听不见我们说话，才告诉我这个男人是波兰人，已经在爱尔兰待了十八年，他原本只是为了一个签了合约的项目才待在这里，却发现自己已半截被埋在地里，铲起来的土盖在了他头上。这种事怎么会发生，殡葬人也不知道。也许看似现实的出路，没有人喜欢的，不被在意的，会在轻易成为习惯以后付出代价。也许作为遵循习惯的生物，我们不该以为时间给我们最可怕的压力，莫过于衰老。也许这就是导致人们最终染上毒瘾，或者肥胖成疾的原因。

殡葬人用怪异的眼神看着我。我喃喃地表示同意。

殡葬人说,这人几年前回波兰去过圣诞节。他坐在他父母的餐桌前,试图对他们解说爱尔兰议会关于媒体泄密和养老金的争论。他母亲打断他:儿子,你在讲英语,我们听不懂。这个波兰人明白了两件事:**第一**,他是在用英语抱怨,而抱怨是一种极为个人的表达方式,是深入骨髓的东西,**第二**,现在他更像爱尔兰人而不是波兰人,他再也回不了家了。这令他痛苦失落。他开始酗酒。你看到了吗,殡葬人问我,为只是怀疑失去了的事想得太多,会造成什么伤害?这个波兰人以为自己不再是波兰人,而又因为他永远成不了爱尔兰人,他就什么都不是,什么都不属于……你看到吗?喝得烂醉如泥,殡葬人说,他这是蓄意自杀。而且他一直会是波兰人,这写在他的护照上,刻在他舌头的肌肉上,尽管他说的是英语。我们也一样,他说,他们消灭不了我们的盖尔语,他们也不是没有试过。我没有问"他们"是谁。我不知道,但我也知道。总是有那么一群"他们",而我们在他们的对立面上被定义。

殡葬人开始指点各种商铺和路人。这家保险经纪人的店;这老太自从几十年前和住在波尔顿[1]的妹妹打电话吵了一架后,脑子就一直不大对劲,为何而吵,这两方没一头

---

1 波尔顿(Bolton),位于英国曼彻斯特市西北部的一个地区。

能告诉你更多，如今两人步履日渐蹒跚，此事已经不重要了，不是吗？几乎已经毫无意义。从那之后，这老太就给报纸编辑写控诉信，什么都写，一星期两三封，殡葬人听说，她甚至被巡警警告过。还有那辆停在人行横道前的马自达，我会想到，坐在里面的那个人曾经是爱尔兰国家橄榄球队队员吗？他从未当上球队里的明星球员，在人生较为黑暗的时刻，他过于轻易地听从了自己的内心。他的名声已逝，成就成空，他付出的牺牲换来别人的耸肩。那个站在街对面排屋前窗的蹩脚诗人，曾经是搞学术的。一天晚上她喝酒后忏悔，她走上岔路都是因为搞丢了一篇论文，那还是在论文都只有一份稿子的年代。与她付出了一生的作品分离却不知为什么并无热情重写，她只能在写下的词语中找到微小的安慰，所以现在她只写短诗。据殡葬人所知，她已经堕落到写下流打油诗的地步。他绝望地朝我皱眉。沉浸在失去中不可自拔的人，或者陷于孤绝中的人，对自己、对他人都是一种危险，他说。而他的工作是让人们放手，掰开他们攥紧的拳头：当他为我提供这一服务的时候，我怎么会不接受他的专业知识呢？

比如说（说到此处他脸色有些发白），镇上有些家庭相处不好，也不知道为何相处不好。但有几户人家，他知道是因为一边是共和党派，另一边是统一党派，也就是说其根源能追溯到内战。这该死的地方，他说，一边擦了擦嘴。这该死的地方到处是与他们所爱的事物分离的人，他们无法接受现状，不停地给自己的伤口投喂"面包屑"，让它活着。

我问他米歇尔现状如何。

他立刻面露尴尬痛苦之色。

我问他，他是否以为我从未见过我父亲，是否以为我想办这场葬礼是为了某个理念，为了某种弃我而去的理想。

他没有回答，但移开了视线，双目泛泪。

我告诉他，我见过我父亲。我说最近我查到了他。我说他是北爱人，殡葬人知道此事吗？

又来了一桩，殡葬人说。

我父亲以前是北爱人，我告诉他。或者现在是北爱人，但时态并不重要。他的名字很普通，所以我费了好一番劲在谷歌上搜索，但最终找到了他。我开车北上穿过莫纳亨郡，进入阿马郡。我没抱希望。我去那里也许只为了打听闲事，也许是为了某种实际需要，想了解父系遗传的医学特征，也许是想让他知道他有外孙，因为我对自己的两个儿子很是骄傲。如果一个人能有孩子还不骄傲，能繁殖还无所谓，这才是奇事。

直到那时我还是羞怯的。我很容易尴尬，会迅速隐藏自己的脆弱。但去找父亲这件事，让我抛弃了这些，把我变得像修女一样厚脸皮。我告诉他我是谁。哦！他说（一脸蠢相）。他即刻要求我给他保证，保证我不是来报复的，不是为我母亲来的，也不是欠了债来找他帮忙的。"我只是想着。"我开口说，但话没说完，只是叹了口气，他也没让我解释，只是坐在那里看着我，仿佛"我只是想着"是女人天生会干的事，坐在那里想着，随后在想法的驱使下，开车数百英里，第一次——或者就算是第二次吧——去见她们丑陋的、胳膊外翻的、脾气古怪的父亲们。他喃喃地说他曾去看过我一次，就在我出生之后。我不知道为何他只看过我一次，他也不会告诉我。也许因为我长得像他，是个丑陋的孩子。

时代不同，他说。那时还没有《耶稣受难日协议》[1]，他不能只是为了度个短假就去爱尔兰共和国。我说这可真有意思。那么他以前去共和国干什么？哦，他的蛋蛋来兴致了就可以穿过边境去度假，好吧。等到要找借口了，我们就是两个国家。你想从我这里得到什么？他问，神色比他本该有的样子更加不悦，而他已经到了要领养老金的年龄了。

---

[1]《耶稣受难日协议》又名《贝尔法斯特协议》，是北爱尔兰和平进程一个重要的里程碑。1998年4月10日（耶稣受难日）协议在北爱尔兰首府贝尔法斯特由英国和爱尔兰政府签字。这份协议也是当前北爱尔兰自治政府、爱尔兰政府和英国政府达成协议的政治基础。

我父亲告诉我，在我母亲的国家，我们都是疯子，满脑子理念，问起话来总是像一个先知。

我又看了看殡葬人，他几乎在我旁边颤抖。他身后只有一星半点镇子。来往的车流把房子们切成一块块的，同样割开它们的还有殡葬人佝偻的背，和我身体伫立的角度。屋顶的分区混乱。人行道也不平整，像是由三个不同的郡议会分别铺设的。我又数了一些行人，他们可能都来自不同的年代。我想知道有没有一个集合名词可以用来形容殡葬人，如果没有，那应该是什么。丧事。官僚。队伍。这几个集合名词中，"队伍"即使不是最有想象力的，也应该是最恰当的。正如我从我父亲房子的前窗所看到的那支队伍。

一个父亲已不再是一家之主，殡葬人说，所以你没必要表现得好像你的一家之主没有了似的。你的生活里没有他已经够久了。

我对他说，你的米歇尔，或另一个米歇尔，我无所谓你告诉我哪一个的情况，罗伯特。如果你不为我埋了我父亲，我会不停地问你，直到你想起来，你和我们所有人一样都是不正常的。

等着他回复时，我想起来我是怎么样站在父亲的客厅里，透过窗子的纱帘朝外望。

当时，外面街上走过了一支送葬队。灵车上挂着塑料花，队伍跟在后面，家人穿着黑衣，朋友和邻居穿着深蓝色裤子和长大衣。我听不到他们的声音，但我知道他们在小声抱怨，在跺脚。我知道他们希望葬礼快点结束。我想到每一天有多少次这样的告别在全国发生，在这一个，或者说两个国家发生。在这所谓的社会安定秩序之中还能得到做这么多事情的机会，是多么幸运。可到处跟人这样说，告诉那些哀悼的人，他们真他妈应该为可以哀悼而高兴，又有什么用。

So I bought an old hotel on the fjord of Killary. It was set hard by the harbor wall, with Mweelrea Mountain across the water, and disgracefully gray skies above. It rained two hundred and eighty-seven days of the year, and the locals were given to magnificent mood swings.

基拉里峡湾

撰文　　凯文·巴里（Kevin Barry）
译者　　亚可

那年我决定在基拉里峡湾买下一间古老的旅馆。它伫立在防波堤畔,与姆威尔雷山隔海相望,头顶是晦暗的灰色天空。这里一年当中有两百八十七个雨天,本地人也因此喜怒无常。在我即将讲述的那个夜晚,雨下得异常猛烈,仿佛被凡人激怒的天神成把掷下的钉子。那是我搬来基拉里的第八个月,那一晚我几乎做好了迎接死亡的准备。

"外面简直是他妈的世界末日。"我说。

聚在旅馆吧台前的本地人一如往常地忽略了我。在他们眼中,我是个成天唉声叹气的外地佬,与坚韧粗粝的爱尔兰西海岸生活格格不入。他们在听约翰·墨菲讲话,后者是当地一个嗜酒如命的掘墓人。

"我他妈能埋掉所有能动弹的东西。"他说。

"婊子养的、自杀的、吉卜赛人。"他说。

"我他妈连眼皮也不会眨一下。"他说。

顺便说一句,姆威尔雷山是你所能见到的最压抑的山。从"临海旅馆"望出去,无论哪个角度,姆威尔雷山若隐若现的瘦削身影都占据了大半的视野,吧台前也不例外。

本地人大多喝布什米尔威士忌或健力士黑啤,酒量十分可观。我用抹布擦去柜台上的酒渍——我对那块抹布已经恨得牙痒痒。我说:"等等,说真的,外面的浪他妈的高得有点儿离谱,是吧?"

几乎没一个人正眼瞧我。他们的话题转移到道路、里程和驾驶路线上。仅凭酒吧的名字,他们就能勾勒出一幅乡间地图:

"你知道梅努斯的马迪根酒吧吗?"

"当然知道。"

"你在那儿左转。"

"那我明白了。"

旅馆有二十三个房间,地基略向西倾斜。如果你在任意房间的地板上放一罐豌豆,它会缓缓地滚向汹涌的大西洋。房产经纪在宣传册里大肆吹嘘这间旅馆的历史——旧时的马车驿站,留存至今的房梁,萨克雷[1]的到访,连茅厕里也飘荡着历史的味道,等等等等——这一切令我兴奋不已。我是这世上最后一个无可救药的浪漫主义者。

人们的话题短暂地偏离了道路与方向。

"要是她拆绷带的时候他还活着就好了,"土地测量员比尔·诺特说,"那个男人比我勇敢。"

---

[1] 威廉·萨克雷(William Thackeray),19世纪英国作家,代表作《名利场》。

"她是个好女人,"约翰·墨菲点点头,"只要你不招惹她。"

这是吧台后面的光景:健力士龙头、史密斯威克龙头、拉格龙头,成排倒置的量酒器,精心叠放的酒杯,一张高脚凳,一线窄窗,以及窗外海那边的姆威尔雷山。空气里总是弥漫着海藻浓烈的碘味儿,让我联想到防腐液。比尔·诺特恍惚的目光穿透酒杯中的琥珀色液体,投向远处的海面。

"浪是有点儿高,但不要紧,"他说,"要是这会儿开车去贝尔马利特,你说要多久?如果走小路的话。"

这群人的生活中最感兴趣的事,似乎经常是两点之间相距多远,在当前路况下驱车需要多长时间。比尔年轻时候当过货车司机,自诩是这方面的专家。

"我不知道,比尔。"我说。

"如果出新港不堵车的话,一小时二十分钟的样子?"

"我说了我他妈真不知道,比尔。"

"有些人说一个小时就够了。"他慢悠悠地呷了一口酒,"不过前提是你得从西港那边像他妈脚底抹了油似的飞奔过来,你说是吗?"

"说不定过会儿我们就得游泳了,比尔。"

尽管经历了种种坎坷,我的人生多少还算成功。然而,自从去年四十岁生日之后,我感到疲惫感如霉菌一般在我的身体里滋长。四十岁之前,你觉得疲惫感不过是一场略久的宿醉。但到了四十岁,你才真正开始了解它。即便激情也令你疲惫。我发现独自伏案工作的日子变得越发难熬。整座城市俨然一把搭在我神经上的锯——那里充斥着太多年轻人的躁动。那本旅馆宣传册像神谕般出现在我的生活里。连续好几天,我把它攥在手中。西行的想法在我脑中越发狂热。我躺在床上,城市的脉搏仿佛刺耳的嘲弄。我幽怨地盯着宣传册上的文字:

留存至今的房梁。

传统马车驿站。

萨克雷。

始建于1648年。

旅馆或许是个完美的解决方案。日常经营和无尽的琐事可以分散我的注意力,让我不再过度关注自我。运气好的话,在深夜或清晨,我也许能在不至于过激的情感强度上继续诗歌创作。

我所有的朋友无一例外地提到了"《闪灵》"。

但我心里想的是,爱尔兰西部……呢喃的大海……嶙峋山峦沐浴在熹微的绿光里(悲伤的梦的光线)……洁净的空气……从干砌石墙的缝隙间害羞地探出头的白鼬……

是的。那将把我重塑为一个崭新的人。当然,我未能预料到夏季员工的噪音——那是一群健康、精力旺盛的白俄罗斯年轻人,他们在二十四小时里每一个可能的时刻交媾。

大海的呢喃在现实中更接近于呓语。

唰啦唰啦——哗。唰啦唰啦——哗。

在吧台远端,附近的公牛精液供应商米克·哈蒂正在挑逗自己肥硕的妻子薇薇安。

"我们在荷兰基佬的餐馆里吃了顿饭,"他说,"开胃菜是牡蛎……他们简直要把我他妈气疯了!"

他伸出手撩拨薇薇安丰腴的屁股,她笑骂着扇他的手。他索性把她转过去,用裤裆抵住她的后部。她涨红了脸咯咯笑起来。除我之外的其他人都对这一幕见怪不怪。当丈夫哈哈大笑着假装从后面强奸她的时候,薇薇安气定神闲地转过头,告诉我他们为荷兰餐馆那顿饭到底付了多少钱。

"两份开胃菜,两份主菜,两个人分一道甜点,两瓶葡萄酒,两杯卡布奇诺。"米克在她身后缓慢摩擦,一边用嘶哑的嗓音哼着艾丽西亚·基斯的情歌。"一百三十六欧元——太坑人了,奎维恩。"她说。

"卡布奇诺是早晨喝的,"我说,"你不该在正餐后喝那玩意儿。"

我在基拉里并不受欢迎。人们觉得我"自命不凡"。我他妈确实自命不凡。我每天至少吃五份蔬菜水果。我的鱼油摄入量多到耳朵里能流出欧米伽3。我限制自己每周最多喝二十一份酒精饮料。我已经八个月没有连续写出过两行诗,反倒是对这片丘陵地带各种怪异、非法的勾当信手拈来。

"又有混蛋在上面洗柴油机了,"约翰·墨菲说,"是胡里根那家人吧?肯定没错,他们的祖宗肯定也是洗柴油机的。一群傻×。"

"一群傻×。"比尔·诺特点点头。

外面的雨持续不断地捶打着我们这个阴郁的小世界,天空褪去傍晚最后的灰色,显露出隐隐发紫的厚重色调,一副黑云压城的圣经气象。

"这天太他妈诡异了,怎么回事?"我说。

我在吧台内侧走过的时候,约翰·墨菲一把抓住我的胳膊——他三杯酒下肚就变得咄咄逼人。"我家那个猛鬼上身的女人他妈一心想把我弄死,你应该知道吧?"

"约翰,"我说,"我对这事真不感兴趣。"

"我一点儿也不夸张,奎维恩!她一心想把我弄死!"

"约翰,婚姻生活是你的私事。"

"她每天他妈的给我下毒!我向他妈的上帝起誓!我能尝出茶里他妈的毒药味道,奎维恩!"

"你再来一杯吗,约翰?"我指着他的空酒杯问。

"好吧。"他说。

他们是一群疯子。就这么简单。你和乡下酒鬼相处一段时间就会明白。他们的脑子里充斥着各种各样的幻觉、猜疑,和扭曲的现实。酒鬼以自我为中心构想出的世界拥有最绚丽的色彩,而且在他们眼中,身边所有人也无疑存在于同样一个世界里。

"米克今年六十了,"薇薇安·哈蒂对丈夫旺盛的欲望赞叹不已,"但一个他妈的缺了口的盘子也能让他硬起来。"

这时窗外响起一阵刺耳的喧闹声。

从山坡的各个角落同时传来狗的嚎叫。嚎叫声越来越恼人,已经到了反常的程度。酒吧的谈话声戛然而止,但几秒钟后又突然恢复。

"提拉米苏?"米克·哈蒂说,"那玩意儿简直就不是给人吃的,一口下去就糊得满脸都是。"

纳迪娅一脸阴沉地从备餐室走出来,收走了几只空酒杯。她是我的一名白俄罗斯员工。

"瞧那屁股。"约翰·墨菲说。

"行了,约翰。"我说。

"像两个裹在手绢里的苹果。"他说。

我相信我的九名夏季员工之间全都存在着不同程度的性接触。我把他们安置在旅馆背阴的沉闷房间里,看不到任何景色。在我所谓的旺季（我那可笑的天真啊），我也睡在其中一个房间里。那些夜晚我辗转反侧，隔壁的激情响动此起彼伏。

"谢谢，纳迪娅。"我说。

她瞪了我一眼，把酒杯放进洗碗机。她时刻不忘提醒我，我支付的只是最低工资。

犬吠声平息下去，暴雨依然滂沱。

雨已经大到歇斯底里的程度，姆威尔雷山上的水流成片地倾泻而下，港口响声如雷，灯光散成了晕影。能见度降到了十四英尺以内。所有迹象表明：爱尔兰西部的假日季正式开始了。

"他沉下去了，"约翰·墨菲说起一个他最近埋葬的人，"之后就变得自闭，一年半没有说过话，最后被一根香肠噎死了。你去看他，他不会跟你讲话，但他知道你来了。你在房间里走动的时候，他的小眼睛始终盯着你。"

"他死时多少岁，约翰？"

"四十二。"

"挺年轻的？"

"是。对他来说，死了倒是种解脱。"

在我初来乍到的前几周里，我在吧台下偷偷藏了个笔记本。"沉下去"这种词会被我欣喜地记下来。我会揣测它的词源——"消沉",或是"沉沦"?但没过多久我就受够了这帮自甘堕落的混蛋。

对了,今天是五月劳动节假期[1]的周一。基拉里洋溢着节日的气氛。本地人愉快地达成共识:这是他们这辈子见过的雨水最充沛的假日。少数几个心存侥幸的徒步登山者和骑行者来酒吧待了会儿,见到大雨滂沱后就怒气冲冲地离开了。旅馆的阅览室里只剩两对老夫妇,他们惬意地坐在壁炉前。我离开吧台,去了趟阅览室,一边向他们微笑致意,一边为壁炉添了几块泥炭,顺便确认他们没有死在我的旅馆里。

他们盯着火苗。

"今晚过得还好?"我试探地问,但对方没有任何回应。

两对老夫妇都握着彼此的手,看上去像被注射了足量的镇定剂。穿过门厅时,我从大门望出去,一对水貂正蹿上防波堤。它们步调一致地穿过公路,向旅馆后面的开阔山坡奔去。我回到吧台,一种难以名状的不适感在心里滋长。

"他们可以把腺体切除,"比尔·诺特说,"但是伤口感染了怎么办?"

---

[1] 五月的第一个星期一是英国和爱尔兰的劳动节假日。

他绝望地摇了摇头。

"到那时,"他说,"就只能听天由命了。"

这个地区地广人稀,有三百多个居民,四间注册旅馆——包括我的"临海旅馆"。依照爱尔兰的标准,如此数量的旅馆实在少得可怜。每间旅馆都不愁生意,我们得以静享各自的世外桃源。酒吧是我决定买下旅馆的另一个原因。令人愉悦的旧式桃花心木吧台饰面,锌皮矮桌,还有若干幅传奇的巴利布里特赛马会的终点照片。我总在晚上亲自照看酒吧。我一厢情愿地认为那会为我打造出一个富有亲和力的店主形象,虽然我的两个前女友不约而同地认为我的举止中有一种"葬礼气质"(我不得不承认,两人都是言语犀利的学霸)。

吧台边的嘈杂人声没有丝毫减弱:

比尔·诺特正在估算去德利市的路程——假如途经恩尼斯基林的话。薇薇安·哈蒂告诉约翰·墨菲,他的妻子上周二穿的那件外套其实是件便宜货;她还说,其实他把妻子照顾得很好——但考虑到她经历的那次糟糕的子宫切除,他对她好一点是应该的。米克·哈蒂说起种马的跨境走私,他的眼神里透出凶光。"那帮杂种居然敢碰我们的马。"他说。

与此同时,纳迪娅站在脚凳上擦拭量酒器,口中低声哼唱着怪异的白俄罗斯流行歌曲。我忽然有点儿想吐。我对自己已经厌恶到极点。幻想中平易近人的店主形象早已崩塌。我沉默着倚在收银台旁。我望向窄窗,满眼都是水。

"说真的,伙计们,我们从没见过这么高的浪,"我说,"对吗?"

海浪已在拍打防波堤的顶部。房产经纪人曾拍着胸脯对我说,这个地方从未遭过水灾。当时我盯着那个老滑头的眼睛,相信了他的话。我曾经猜想——也一度期待——此处的生活最终能带给我写作的灵感。某种东西会在我的心里萌芽。我的写作将摆脱那种植根于城市的闷热性欲的无病呻吟和凌乱节奏。那类诗作让我在地方上的大学英语系小有名气。基拉里当地人也听说过我的诗作,却都不以为然,因为这里自古以来就不缺诗人。这里的每一块傻×岩石都在过往的某个时间触碰过某个癔症发作的顿悟追寻者的干瘦屁股。此间永远不缺声嘶力竭的傻×。

"就算要坐牢,你也想上她。"约翰·墨菲说。

当纳迪娅转身往厨房走去时,他又盯着她的臀部。

"约翰,我警告过你了。"我说。

"我也就随口说说。"他说。

他自讨没趣地端起了面前的黑啤。戈尔韦北部的人都性欲过剩。这是我的结论。人们粗鄙猥亵的言行堪比异教徒。当然，这样的传统由来已久。海边扭曲的岩石造就了他们扭曲的性格。据文献记载，萨克雷曾惊讶于爱尔兰乡下妇女在连衣裙下不着胸衣。她们毫无顾忌地亲吻初次见面的陌生人，丰满的胸脯左右摇晃。

"我可犯不着和那个小婊子乱搞，"约翰·墨菲说，"我乱搞的日子早他妈过去了。"

如果我把旅馆以七五折出手，我可以买下半个柬埔寨，成为下一个操蛋的科茨上校[1]。美丽而冷酷的纳迪娅从厨房里跑出来，脸色像死人一样苍白。

"有水獭！"她大叫。

"什么？"

"厨房里有水獭！"她大叫。

我赶到的时候，它正在喝汤。十加仑大锅里的胡萝卜芫荽汤。通常情况下，水獭是一种异常警觉的动物，但这位却如同冲浪者一般气定神闲。我略带紧张地把它赶往后门。它不紧不慢地踱过去。出门之后，它并没有返回平时居住的岸边礁石，而是往南方高地去了。

我朝港口的方向望去。防波堤已经消失在一层高过一

---

[1] 美国电影《现代启示录》里的角色。科茨上校是美军在越战中的英雄，后脱离美军队在柬埔寨建立了自己的王国。

层的海浪之下。我回到大厅。

"进来了一只操蛋的水獭。"我说。

本地人默默看着我,眼神中充满了鄙夷,似乎在说,以我打理旅馆的方式,厨房里不进水獭才怪。

我指着港口。

"水会涨上来吗?"我的声音有些颤抖。

"通常情况下开车出斯莱戈很快,"比尔·诺特说,"除非你遇上星期四。不过自从麦克沙里担任部长以来,那帮混蛋在斯莱戈修了不少好路。"

"我问你水会涨上来吗,比尔?会涨上来吗?你听得见我说话吗?"

吧台前出现了一段阴影般的短暂寂静。

"过去十六年没有过,"他说,"今天也不会。"

在我清醒的全部时间里,我都在为"临海旅馆"忙碌。我的呼吸急促,精神紧张,生活乱得一团糟。在诗人的语境里,我目前大致处于"漫长沉寂期"的中段——我的上一本诗集出版已是五年以前。每当我坐下来面对一张白纸或是电脑屏幕时,我总有想哭的冲动,而我并不总能压制这种冲动。荒凉的山峦,海水单调重复的韵律,患了精神分裂症一般的苍茫天空:这些都无法激发诗歌的灵感,它们激发的只有让人绝望的情欲和消极的思维模式。真相一次又一次浮现在我的眼前:我天生是个城里人,搬来这里是个可怕的错误。我给比尔·诺特又倒了一杯布什米尔。

"你这帮伙计从哪儿来的，"他说，"白俄罗斯？"

"是的，比尔。怎么了？"

"他们走哪条路来的？"

"想想这个国家为欧盟做了多少牺牲，"薇薇安·哈蒂说，"再想想我们跪在他妈的布鲁塞尔脚下，就为了一张操蛋的黄油券——券还没到手，这帮不知从哪儿冒出来的杂种就决定他们可以搬来爱尔兰的任何地方，抢走我们的工作！"

在基拉里的山丘上，野狗再一次如《惊魂夜》里那样叫起来。令人毛骨悚然的嚎叫，一声紧似一声，较之前更为凄厉。

"圣母保佑。"约翰·墨菲说。

狗叫声已经大到令人无法忽视。我们纷纷凑到窗前。旅馆与防波堤之间的公路在几秒钟前消失不见了。傍晚最后的光线中涌动着不真实的青蛙木偶科米特的绿色。狗依然叫着。大雨依然滂沱。

"这段路，"比尔·诺特终于意识到情况的严重性，"过不去了。"

米克·哈蒂的双手滑向薇薇安的大腿后侧。来自大西洋的猛烈西风裹挟着一波又一波雨水，势不可挡地倾泻下来。

"看样子雨一时半会儿停不了。"我的这句话接近于废话。

"水涨到第二级台阶了。"薇薇安·哈蒂注意到。

四级古老的石阶通向旅馆的大门。

"水还在涨。"米克·哈蒂说。

"自从1973年三月卡斯尔巴那场雨之后。"约翰·墨菲说,"我还没见过这么大的雨。"

"你们说开车去卡斯尔巴要多久?"比尔·诺特说,"走小路的话四十五分钟?"

我们离开窗前。我们的脚步仿佛编排过的诡异舞步。人们默默拨通手机。每个人都不自觉地压低声音。

消息已经传遍了峡湾:海水正在上涨,没过了防波堤。紧急救援部门已接到警讯。政府在讨论堆沙袋防汛(似乎晚了一点)。旅馆里其他人也都聚到酒廊:九个白俄罗斯员工中的六个(其余三人去了西港电影院,命运安排了一场丹·布朗小说改编的电影),还有那两对老夫妇(他们至少没有死在阅览室里)。

我说:"伙计们,接下来这一杯酒我请客。看样子我们还得多待一会儿。"

酒廊里响起一片掌声。我忽然感到自己正在成为理想中的店主。吧台前洋溢着一派欢乐的气氛,俨然灾难临近前的最后狂欢。

杜洛山谷里回荡着狂风的怒号,它激起基拉里野狗的一连串嚎叫。

俄罗斯员工们小口啜着免费的喜力啤酒,其中四人的脖子上有做爱的咬痕。显然他们在员工宿舍里相处得很愉快。

两对老夫妇向大家做了自我介绍。

艾伦·费特尔和诺拉·费特尔来自利默里克,吉米·麦卡利斯特和珍妮·麦卡利斯特来自利马瓦迪。他们是众人当中最无畏、最淡定的。

"风向在变,"吉米·麦卡利斯特说,"在往东边转。"

"我可不想听到这个,"约翰·墨菲说,"忽左忽右的风从来不是好征兆。你一定听过这句老话。"

基拉里还有一句老话:东风使人发狂。

我看了一眼窗外,在海边一棵五月树[1]的低枝上,一只黑背海鸥似乎刚杀死了它的同伴,正准备啄食尸体。此刻大概没人想听到这则新闻,所以我没有开口。

---

[1] 爱尔兰的五一节是当地重要的传统节日,标志着鲜花即将盛开,是夏季的开始。五月树和五月柱也是爱尔兰五一期间的传统景象。人们用丝带、布、彩带、蜡烛等来装饰树丛,或是高大木头做的柱子,通过这样的方式来为房屋和社区祈福。

患斜视的白俄罗斯员工阿列克谢跑到楼上观察窗外的情况。他回来报告说,旅馆旁的停车场已经被彻底淹没了。

"保险公司会承担损失的。"比尔·诺特宽慰大家。

"新闻里会出现那种傻×视频,"约翰·墨菲说,"一只傻×猩猩踩着茶盘在大街上漂流什么的。"

"上帝啊,那只海鸥在干什么?"诺拉·费特尔说。

非常不巧,那只黑背海鸥刚好把同伴的头啄下来,拖拽着左右甩动。珍妮·麦卡利斯特昏倒在地。我们正在无可逃避地陷入了危机的旋涡。

我的脑子里冒出一个开心的念头——此处将被海水彻底夷平,我从保险公司获得赔付,下一站便是柬埔寨。

诺拉·费特尔和薇薇安·哈蒂过来照看珍妮·麦卡利斯特。她轻声呻吟着,口中泛出些许白沫。她们让拿些白兰地。比尔·诺特抬手点了一杯布什米尔,约翰·墨菲要了一杯黑啤。

我们朝窗外望去。

海水已经漫过第四级台阶,正涌向门廊。在潜意识里,我们依稀知道港口远端沿姆威尔雷山一线的房屋都还亮着灯。在某个瞬间,那些灯光尽数熄灭了。

"晚安,艾琳[1]。"比尔·诺特说。

最糟糕的消息是,这场突发的灾难似乎仅限于本地。基拉里峡湾已经洪水滔天,其他地方却依然风平浪静。对普通爱尔兰人来说,这只是一个寻常的周一晚上——观看足球比赛,或是丹·布朗小说改编的电影,把垃圾桶推到街边,或是继续忍受婚姻生活——而我们这一带的人正准备葬身于波涛之下。我感到一丝解脱,似乎我终于以这种方式被本地人所接纳。

我想,关闭酒吧或许是此刻最糟糕的选择。人群中至少还弥漫着某种欢乐的情绪,假如我停止酒水供应,这一切将戛然而止。海水仍在上涨,人们举杯的热情更加势不可挡。你永远不知道哪一杯是你的最后一杯。

"我们是不是该往南开?"米克·哈蒂问。

薇薇安无比温柔地搓揉着他的手腕。我的眼眶湿润了。

"嘘——"她说,"别说了,亲爱的。"

"如果我们走洛夫费湖,从远端绕过去,"比尔·诺特说,"差不多就到N59公路了。"

---

[1] 《晚安,艾琳》是一首民谣,其中有一句歌词"晚安,艾琳,晚安,艾琳,或许我们会在梦里相见",与比尔·诺特眼前的情景相合。

白俄罗斯侍者把阁楼上的旧窗帘装在纸箱里搬下来,准备挡住大门。结果他们刚把最后一只纸箱搬下楼梯,海水就砰的一声冲开了大门。

我招呼所有人上楼。楼上有个偶尔举办婚礼的宴会厅。厅里配置了一个酒水充足的酒吧,还有迪斯科灯光。事实证明我们转移得非常及时。我跟在客人和员工身后最后一个攀上楼梯,我回头看了一眼。外面的黑夜和死亡一样深不见底。

"大家快点!"我大喊,"看在上帝的分上,快点!"

宴会厅很少启用,因为付得起钱的本地人会去阿尔盖罗旅馆办婚礼。人们用手机拨打了更多电话。我们被告知,应急部门已经出动。我关掉头顶刺眼的灯带,切换到气氛照明模式,甜美梦幻的迪斯科灯光缓缓旋转开来,尽管与此同时,暴雨正无情地敲打着基拉里这间古老的旅馆。我打开酒吧,人们迫不及待地迎上前来。

我们畅饮。

我们低语。

我们像猫一般大笑。

比尔·诺特估算了一下游泳去克莱尔岛的距离——如果形势使然的话。

"显然这不是创世记以来第一次发生这种事情,"他说,"和我们类似命运的人漂在海上,扑腾着寻找救生艇。"

薇薇安·哈蒂对珍妮·麦卡利斯特低声耳语。几口白兰地下肚,珍妮的脸色红润起来。薇薇安晃动酒杯,不断把酒送到老妇人的唇边,后者头发灰白、略显袖珍的头颅枕在薇薇安肥硕的大腿上。

"不用担心,亲爱的。"她说。

萨克雷在造访爱尔兰这块边远地区时曾抱怨当地"令人窒息的泥炭烟尘","刺鼻的苹果酒","生鸭肉、生豌豆",还对一间旅舍大发牢骚:"没有一支笔能描述那个地方,它超出了所有英国人的想象。"

约翰·墨菲高声对我们宣布,他爱自己的妻子。

"她依然让我兴奋,"他说,"结婚二十八年了,但我每次看见那个骚货爬楼梯的时候还是会硬起来。"

我来到宴会厅外的楼梯平台,望向楼下的公路。它已经变成了河道。旅馆门廊已消失不见,十来只鸬鹚正列队从水上飞来,仿佛对德累斯顿的空袭[1]。

我赶在鸬鹚纵队降落在厨房油布顶棚前回到室内,这时米克·哈蒂正流着泪向薇薇安忏悔十五年前的一次出轨——与她的妹妹。

"陈年丑事都浮出水面了。"艾伦·费特尔说。

薇薇安贴近丈夫,把他揽在怀里。她在他的脖子上轻

---

[1] 1945年2月,英军和美军联合发动的针对德国东部城市德累斯顿的大规模空袭。

轻吻了一下，两人在黑暗中紧紧相拥。然后她在他的脖子上一口咬下去，鲜血一股一股地喷涌出来。我忍不住呕了一口。我决定放点音乐。

我跑回房间取CD，穿过走廊时扫了一眼窗外——那一眼让我心悸：

七头绵羊挤在一条小船上，在基拉里的险恶波涛间起伏。那些绵羊显得出奇地镇定。

我挑了许多老唱片，耳熟能详的唱片：阿巴乐队，伪装者合唱团，布莱恩·亚当斯。

我快步回到宴会厅。

"既然来了，"我高喊道，"就让我们跳起迪斯科吧！"

啊，我们在基拉里峡湾的这个夜晚忘情地起舞。在《奇克提塔》中，我们的舞步舒缓而性感；《口袋里的钱》响起时，怀旧之情湿润了我们的眼眶，我们依然记得当年的舞步，仿佛1979年只是昨天；到了《69年夏天》[1]，我们随着鼓点疯狂地把手臂挥向半空。

我走到楼梯平台，发现六个白俄罗斯人正坐在最高一级台阶上。基拉里的海水已经涨到了楼梯中段。几只脚凳在大厅里浮沉，还有厕所卷纸、餐垫、电话簿。但我还

---

[1] 此处提到的三首歌分别是阿巴乐队（ABBA）、伪装者合唱团（The Pretenders）和布莱恩·亚当斯（Bryan Adams）的作品。

能怎么办?

我回到宴会厅,一杯接一杯地为大家递酒。

手机信号消失了。

地平线上没有出现身穿救援服的救世主。

水位仍在上涨。

刹那间我的心里一片雪亮。生命彼岸的大门正缓缓开启,而我在不惑之年终于意识到:一个人必须学会接受。这个词应该用黑体书写:**接受**。我需要接受摆在我眼前的一切——无论是葬身于爱尔兰唯一的天然峡湾,还是重返都市灰暗的喧嚣,或是在沉默中被放逐到柬埔寨某个热气蒸腾的沼泽,有诗歌或是没有诗歌,有孩子或是没有孩子,有爱人或是没有爱人,疾病或是健康,成功或是蹉跎。我会接受生命道路上的一切,从此刻开始,直至呼吸停止的那一刻。

我心里灵光闪现,手不自觉地摸索着寻找笔记本。

比尔·诺特在跳舞。约翰·墨菲在跳舞。麦卡利斯特夫妇和费特尔夫妇跳着华尔兹。白俄罗斯侍者们在宴会厅的昏暗角落里肆意爱抚。哈蒂夫妇在一个卡座里激动地低声交谈,米克用一沓餐巾纸摁着流血的脖子。我也步入舞池,缓缓地迈步转圈。我闭上眼睛,任由迷幻的迪斯科灯光映射在我的眼睑上。粉红色的眼睑内侧化作两幅屏幕,播放着我童年时候宠物的幻影。

"你们玩得开心吗，伙计们？"我高喊。

"哦，你得马上停手！"

"要是开车去洛赫雷的话，你们觉得要多久？"

"记得上次我从那地方回来，有一侧的肺小了一半，对吧？"

"啊，没错，那地方对你来说就像英格兰。"

我跑到楼梯平台上查看海水的情况，迎面碰上阿列克谢，那个斜眼的白俄罗斯人。他开心地用大拇指指了一下楼梯上的水线。水位已经下降了几个台阶。我拍了拍他的背，眨了一下眼，转身回到迪斯科舞池。

1648年是克伦威尔登陆爱尔兰的前一年，那时这间基拉里峡湾的旅馆已经开门营业了——它同样会安然度过这一次劫难。纷乱的词句和意象向我袭来——这种霰弹式的突袭预示着灵感的降临——我知道词句很快会找到它们的次序，隐藏的节奏也会自然浮现。一种崭新而宁静的狂喜笼罩着我。

青年时代的阴郁终于消散了。

十 影像

190 游岩

倪芙瑞莲

The Wandering Rocks

游岩

摄影、撰文　倪芙瑞莲（Niamh Cunningham）
译者　tcanx

《游岩》是《尤利西斯》的第十章,与《荷马史诗》没有直接关联。在《奥德赛》中,"游岩"是奥德修斯(Odysseus)返回伊萨卡(Ithaca)途中没有取道的路线,因为女巫喀耳刻(Circe)劝告他,那些漂流的岩石会酿成灾难,他不该从那儿走。

《尤利西斯》第十章是对都柏林普通一日里支离破碎生活散点的、不连贯的描绘。角色们不停地移动,在都柏林城中形成不同路径。《尤利西斯》中的绝大多数角色都在这一章中出现。城中一日的背景是总督(当时国王在爱尔兰的代表)的骑兵队伍正穿过街道前往医院的募捐活动。

这组肖像中的人物大多是我在北京和爱尔兰生活时结识的——家人、朋友、学生、艺术家同行和策展人。他们被重新塑造成《游岩》中的不同角色。有的因为存在相似之处,比如我曾经教过的双胞胎学生现在被塑造成了"迪达勒斯姐妹"(Dedalus siblings);有的角色通过肖像的题目匹配,比如《夹克衫蓝》(Blazer Blue)中的人物就扮演了"布莱泽斯·博伊兰"(Blazes Boylan),不仅如此,他们也都是充满自信、爱打扮的男子;另一幅肖像中的形象骄傲且权威,题为《鹰》,与总督的角色相吻合。

夹克衫蓝,布面油画,50 x 50 厘米,倪芙瑞莲,2018

这是我儿子菲昂(Fionn)的肖像,当时他在北京市第五十五中学上学,大约十三岁。他正在家中试穿他的第一件校服夹克,在镜子前摆造型,竖起衣领,让自己看起来像一个摇滚明星。

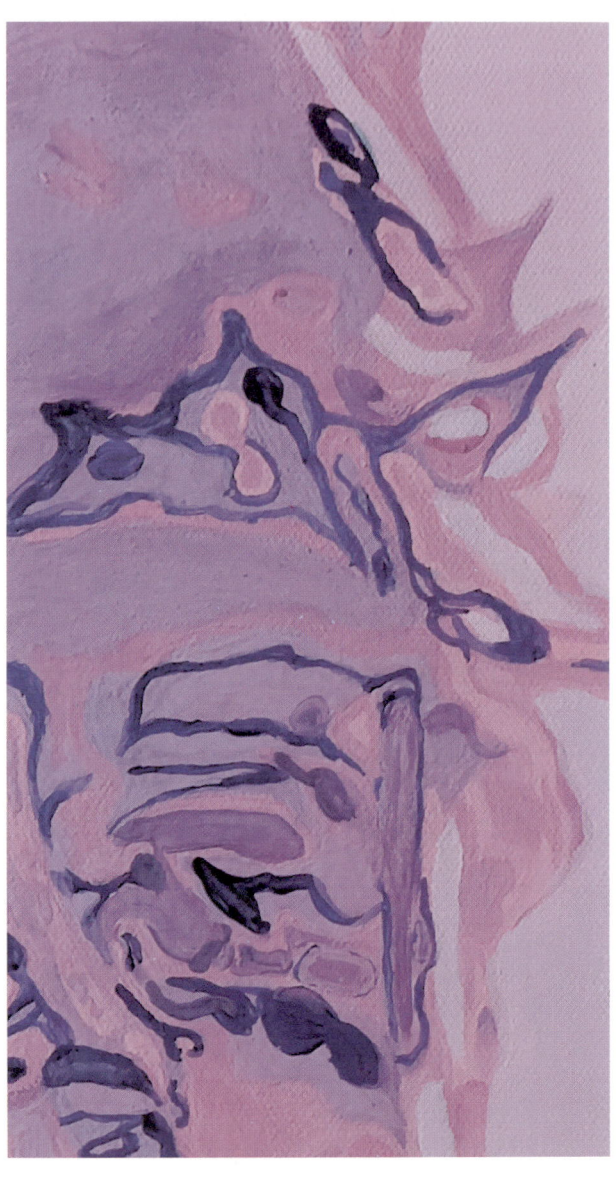

布拉格阁楼,布面油画,50 x 50 厘米,倪芙瑞莲,2010

这幅肖像捕捉的瞬间是儿子菲昂把头探出我们在布拉格阁楼公寓的屋顶天窗,俯瞰附近所有房子的屋顶。

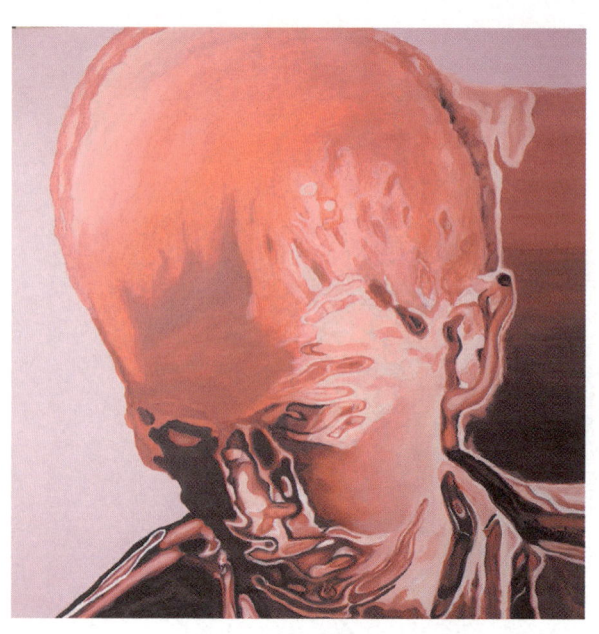

红色阅读者,布面油画,50 x 50 厘米,倪芙瑞莲,2011

儿子菲昂正在读书,不愿被打扰。

布拉格咖啡馆，布面油画，80 x 60 厘米，倪芙瑞莲，2010

妹妹西娅拉（Ciara）有一次来布拉格拜访我，那年手头拮据，她请我们去了一家很不错的咖啡馆，我们在那里吃了一下午蛋糕。

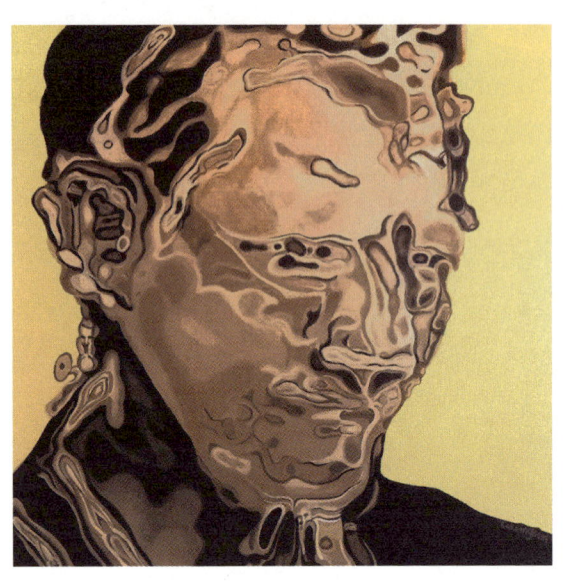

蒸汽炉，布面油画，50 x 50 厘米，倪芙瑞莲，2019

尼尔（Niall）还是小男孩时，我们叫他"蒸汽炉"，因为他修理自行车被刺破的轮胎时会发脾气，扳手、撬胎棒和咒骂漫天飞舞，我们透过厨房的窗户看着他发笑。之后他已经能够好好保持耐心，变成了一个非常冷静的人。

我是块石头，布面油画，50 x 50 厘米，倪芙瑞莲，2019

儿子菲昂大约三岁时，每回不自信，就会唱西蒙与加芬克尔（Simon & Garfunkel）组合的歌，那对他来说就像某种咒语。

The hot pants look trampy with the platforms so you change into your yellow parallels. You pack your clutch bag with fags, a pat of powder, a tin of Vaseline. It's floppy, so you wad it with tissues to fill it out.

剪影[*]

撰文　路易斯·肯尼迪（Louise Kennedy）
译者　何雨珈

---

* 这篇小说的背景是"北爱尔兰问题"，指的是从1960年代后期到1990年代后期在北爱尔兰持续了三十年左右的暴力冲突；主要矛盾方是以信奉天主教为主、主张北爱尔兰与爱尔兰共和国统一的民族主义者和信奉新教为主、支持北爱尔兰继续留在英国的联合主义者。

热裤搭厚底鞋,显得太邋遢了,于是你换上了那双黄色踝靴。你往手拿包里装了香烟、粉饼、罐装凡士林。包软塌塌的,所以你又往里塞满了纸巾。这包是你在药店买了一瓶查理香水的赠品。现在他们不让你进那间药店了,因为店主克劳福德先生加入了民主统一党[1]。最后再照一眼镜子。上衣的蕾丝花边下摆和裤腰中间还有一点缝隙。肚子那里空空的,你喜欢;肤色苍白,你不喜欢。你下了楼,把头探进客厅。电视上放着《海滨特辑》[2],肖迪瓦迪乐队[3]正在表演,他们的外套跟你的裤子色调一样。回见啦,你说。你母亲紧了紧羊毛衫的开襟,权作回应。你沿着车道走出去。几个小的在河边,不知道是在修堤坝还是拆堤坝;她们的尖叫声穿过田野朝你扑面而来。这一整天,越来越热。你脚下的柏油路踩着有些松软,分离出了油和碎

---

[1] 北爱尔兰民主统一党(DUP),北爱尔兰亲英政党,北爱两大政党之一,成立于1971年,与主张北爱尔兰脱离英国、与爱尔兰共和国合并的新芬党是对立关系。
[2] 《海滨特辑》(Seaside Special),1975年至1979年BBC推出的一档夏季电视特别节目。主办方将马戏团帐篷带到英国各地的度假胜地,并邀请很多著名艺人参加表演。
[3] 肖迪瓦迪乐队(Showaddywaddy),1970年代英国著名流行朋克乐队。

石块；等走到半路酒馆，你的软木鞋跟已经变得油腻腻的；脖子后面的头发也湿了。

前门由一块砖抵着，敞开着。姑娘们已经到了，在点唱机那个角落的桌边，喝着加了利口酒的宝石色饮料。金酒混橙子。潘诺酒混黑加仑。伏特加混青柠。你把手包塞在接近腋下的地方，走到吧台前。

请我们喝一杯吧，萨迪，你说。你哥哥的样子，就像根本没看见你在那儿。所以你只能靠过去，横在他和基兰·麦卡恩之间。你的上衣下摆已经卷到了肚子上面，基兰斜了斜身子，想看得清楚一点。他的侧脸几乎算得上动人了，但接着他在吧台凳上扭了下身子，你就看到他厚厚的眼睑耷拉在那只睁不开的眼睛上。你还以为他在欣赏你这身打扮，直到他嗤笑一声。你没有资格嘲笑任何人，眨眨，你说。他缩回去，又伏倒在自己那杯酒上。大方点儿啊，萨迪，我没钱。他有时候就会这样，非要你使劲儿求他才行。你甚至都不能确定他是不是在听，因为他转身看向了门口。每个人都在看着门口。感觉就像在看西部片，昏黄的灯光衬出一个高大的剪影，脸在暗处，看不清。利落魁梧的身躯穿过房间，来到吧台前。

萨迪肯定跟你想到一块儿去了，因为他用西部牛仔的方式喊了声：你好啊，陌生人。

那男人靠着吧台侧过身，对着沿吧台坐的一排人笑。

他穿了一件粗花呢休闲西装,在这样的夏夜未免太厚重了,他的小胡子上挂着汗。这样的晚上适合喝几杯冰的,他说,混杂着爱尔兰东南西北角的口音。

萨迪把手搭在你胳膊上。要啤酒加汽水,好吧?

你调整了一下手包的位置,朝那边的姑娘们走过去。你坐到桌前,她们靠过来,大家同时都在说话。你喝得很快,她们问你敢不敢再多要点酒。你把手包夹到胳膊下面,往吧台走去,这次走得慢了些。

再请我们喝一杯,你对萨迪说。

你花了我好多钱了。

让我请吧,那个男人说。

随你,萨迪说。

酒推到你面前,你举起杯子向那男人表示感谢。干杯[1],他说。你心想他是不是苏格兰人。他把品脱杯举到嘴边;双唇丰满得几乎合不拢。

你从哥哥面前的那堆零钱中拿了几枚硬币。你回到姑娘们那边,把自己那杯酒放在桌上。三首歌,你说,身体转向点唱机。你选了一首叫人开心大笑的,一首适合跳舞的,一首专门给男生唱的。最后一首歌结束后,萨迪走了过来,贴在你耳边说话。回家,他说。你抱怨起来,急急

---

[1] 原文为盖尔语slàinte,主要用于爱尔兰和苏格兰地区,但爱尔兰人之间一般不这么说。

地转向他，但一看他脸上的表情就闭了嘴。晚安啦，他朝姑娘们说，她们笑闹着走出去了，先你一步。萨迪回到吧台边。走到门口，你朝男人看了最后一眼。现在，你是那个剪影了；你希望在阳光的照射下，蕾丝花边能显得如轻纱般透薄、纯洁，他能透过花边看到你。他朝你举起品脱杯。他看到了你。

想要免费赠品，她得买两种产品，你解释道，其中一个是护肤品。你推荐买护手霜，因为是最便宜的。你说话的时候，她脸上闪过一丝警惕的神色，但这些天你刻意使口音没那么重了，所以她也不确定。她悠悠地走向手提包，你把十多个粉色天鹅绒小手袋和那些小小的赠品包在一起：一支粗短的英伦玫瑰口红（色号1981），一小根膏体腮红，一小瓶矿泉水喷雾。你往手腕上喷了香水，给内衣部的一个年轻女孩化了个淡妆，擦了玻璃架子。午饭的时候你从后面的楼梯间来到员工休息室。你把包放在窗台上，完全曝晒在阳光下。你三明治里的烟熏奶酪滴下琥珀色的油，落在那封家里寄来的信上。你不会在这里看这几页信，反倒是看起了昨天的报纸，它就摆在桌上。斯坦利港停靠了一艘军舰。莱斯特广场举行了一场"珠光王族"[1]活动。一条街道为了聚会布置起来，街灯柱子之间挂了彩旗。"加冕鸡"[2]的菜谱。你看到蓬松的袖子和侧边的流苏。一张剪影男穿着红金色制服的照片；浓密的头发被压得平平的。上面还刊登了他妹妹的一句话：*我父母承受不了这样的打击*。你把这一版报纸抽出来，放进包里。

一个保安进来了。他每天在店里巡逻，注意操着你这种口音的人是不是故意留下装了炸弹的包。他从热水机里倒了一杯水。桌边有四个空座，可他偏偏坐在了你对面。他把一小袋方便汤粉倒进热水里，搅拌几下，又从口袋里掏出一个纸袋。他的三明治形状扁平，湿乎乎的，也是家里做的。他朝你笑了笑，你的脸象征性地抽搐了一下，希望他能觉得这还算礼貌的回应。你是爱尔兰人，他说。你准备回答，话到嘴边又打散重新组合，好消除掉从家乡带来的那种鼻音重的口音；但他的话没停。他叫肖恩，被他说得像"稍恩"。他母亲是卡洛[3]人，所以他有资格加入爱尔兰共和国的足球队。为了明确这是在开玩笑，他大笑起来。

---

[1] "珠光王族"（pearly king and queen），伦敦历史悠久的民间文化活动，和慈善募捐有关，参与者会穿上亮光闪闪但并不昂贵的珍珠母贝纽扣衣。
[2] "加冕鸡"（coronation chicken），为庆祝英国女王伊丽莎白二世加冕典礼而烹饪的一道鸡肉冷盘。
[3] 卡洛（Carlow），爱尔兰东南部城镇。

剪影

　　下午你卖出了六个礼品袋，还向一位穿着蒙住全身的罩袍、有着美丽双脚的女人出售了一管胸部紧致霜。你下班的时候，他就站在旋转门旁边，对讲机和聚酯材质的肩章不见了，换上了一件纽扣领的条纹短袖衬衫。他看到你时假装很惊讶，说自己和你同路。他问你有没有时间快速喝一杯——当然，是说喝酒。他又像先前那样笑起来。酒吧在地铁站对面。你坐在一扇巨大的窗户下面，窗上被柴油废气和灭蝇剂弄得雾蒙蒙的。他问你想不想来一杯皮姆[1]。当然想啊，你说，就像你很清楚那是什么似的。酒来了，装在一个扎啤杯里，里面还有切块的黄瓜和苹果。我不知道到底是该吃还是该喝，你说，隔壁桌的女人盯着你，朝她的男人耳语了几句。她穿了件和你一样的戴妃衫。

　　他问你问题，就跟照着一张单子念似的。

　　你来自一个大家庭吗？

　　我有一个哥哥和三个小妹妹。

　　你哥哥是做什么工作的？

　　他正等着工作找上门来。

　　萨迪肯定会对你这个回答嗤之以鼻。还没到绝食抗议这一步，他就已经快死上三回了。

---

[1] 皮姆（Pimm's），一种在英国的夏天很受欢迎的水果鸡尾酒。

肖恩把他品脱杯里的酒一口气喝完，穿过散着发酵味的花地毯去上卫生间。邻桌的女人正靠在男人身上，指着你放在地上的白色漆皮手提包。你把包拿起来，手伸进去，手指摸到那封油腻的信。萨迪住的区被封锁了，你母亲已经几个月没见到他了。你试着想象哥哥身上盖着一张毯子，头发上糊着屎的情景；但你就是想不出他的样子。你拿出一管口红，慢慢地在嘴唇上擦过去，化完后，抿了抿双唇。接着你用口红在包的一侧写了两个大字。

　　肖恩出现了，一边还整理着裤腰带。墙上有一盏灯，就在他的头顶上；他的脸闪着灰白的光。他迈着轻快的步子走到公用电话前，举起听筒，说不定是给为他做三明治的女人打电话。你把手提包调了个个儿，好让邻桌的情侣看到你写的字：

炸弹

用色号1981的英伦玫瑰口红写的。

　　还不到十点，而且是星期六晚上，你像个小屁孩一样被勒令回家。到家的时候，鞋子里的那双脚已经滑溜溜的了。你在门厅脱掉鞋子，一边上楼一边舒展着有些红肿的脚趾。妹妹们在洗澡，叫唤着梳子把头发扯痛了，抹着肥皂的毛巾擦身体不舒服。你和衣躺在床上。双腿没法保持

剪影

不动。你闭上双眼,想着那个剪影男,他被框在门口的样子。姑娘们的那张桌子是空的。没有眨眨,没有萨迪,没有那个来自奥赫纳克洛伊、叫作马伦的男生;只有你,坐在吧台凳上,双腿交缠,指尖夹着一支丝卡烟,看着他。你任他一直站在门口,一直站到你忍不了了,才让他穿过酒馆,走向你。

萨迪把你摇醒了。他的脸凑得很近,一股酒味。他身上还散发着另一种气味,肉味,或是铜的味道。你跟着他来到两段楼梯之间的平台上。微弱的光线下,一切都模糊不清,除了他的眼睛,闪闪发光的眼睛。他脚上穿着长袜。他开始脱衣服,每脱一件就卷起来,放在你早就准备好的胳膊上。你走进浴室,跪在浴缸边。你以前也清洗过他衣物上的血迹,产羔期接生后的血,还有家禽的鲜血。如果用热水,血渍会凝固,留下肉汁印一样的污渍;所以你打开了冷水龙头。你在水流下冲洗着牛仔裤、衬衫和套头毛衣,让它们都湿透,再握拳使劲拧。过了很久,水才清到没有血色。

你尽量拧干这些衣物,放在塑料婴儿澡盆里拿出去。萨迪从你身边匆匆而过,皮肤白得都要发光了。等着,他说。他走进浴室,关上门,又打开了一下,把他的三角裤扔到楼梯平台上。你用拇指配合另一根手指,把内裤拈起来,走下楼去。你拉开双桶洗衣机的门,把干衣物扔进去,开机，又把刚刚搓过了的湿衣服都塞进去。客厅里，萨迪那双好鞋正靠着黄铜壁炉围栏。你生了火。这个活儿你不太擅长，将所有的引火物和一大把柳木都用光了，才把火生起来。你把内裤都扔了进去，尼龙材质燃烧起来，迸发出一团油亮的蓝色火焰。你戳着捅着，直到它们全部归入火堆的余烬当中。你还能闻到屎的味道。你的新上衣留下了一个标记，那是血；下摆上方一个小小的赤褐色污渍，像一片羽毛。

眨眨正在最下面的楼梯口。他那只坏眼睛已经修好了。好吧，他是挺帅的，如果你喜欢这款山区男子特色的长相。也许你确实喜欢。你把手放在栏杆上。我和你一起上去，他说。萨迪被放在他那张旧床上。有人在他手指间缠上粉红色念珠。你母亲守在他的尸体旁，膝盖上放着自己的手提包，包带立成两个圈，整个人感觉像在坐公交车。你亲了亲她的脸颊，她调整了一下坐姿。你记不起自己该做些什么，所以你摸了摸萨迪的肩膀，凝视着他的脸。他们已经用油灰色的填充物堵住了那些弹孔。你一直待到念完一遍"万福马利亚"的经文，然后转身离开那个房间。眨眨伸手托住你的后腰，问你还好吗。还好，你说，但出口的却不是这话。等你能自己站起来了，他把你带到楼下。和基兰一起来的那个人是谁？有人问道；你愣了一下才反应过来他们说的是谁。

他在厨房里给你倒了一杯威士忌，把你带到后院。你用指尖擦了擦眼睛下方。

妆没花，他说。

这是防水眼线，你说着点燃了一支烟。

冲突爆发都十年了，他只差三步就到边境了，结果被他们拿下，他说。你把烟扔到格栅里，进屋去了。

殡仪馆的车停了下来，你和母亲与妹妹们坐到后座上。你把脸颊贴在窗户上，闭上双眼。车轮缓缓地在路面上滚动，你仿佛正在一个夏夜穿着厚底鞋走向半路酒馆，想着从哥哥那儿蹭杯酒喝。在教堂外面，眨眨介绍你认识了他的妻子。她对你痛失血亲表示遗憾；看到你上了妆的脸，她那张素净的脸显得很紧张。在墓地，往棺材上方鸣枪之前，有个假意阻止各种拍摄人员的动作。他们往空中鸣枪，你低下头调整了下自己的墨镜。

回到家，已经有人清空了烟灰缸，摆上了一盘盘三明治。你把母亲安顿到扶手椅上，开始递送茶和威士忌、葡萄酒及啤酒。眨眨就在下面的楼梯口站定了，招呼着前来的客人，好像他是一家之主。你端着托盘走过他身边，在客厅里转了一圈，托盘就摆满了用过的杯子和碟子。你在门厅停下来，好像他挡了你的路。

你在做总指挥吗？你说。他挑起一边眉毛，你不知道这是不是不跟你计较的意思。他从你手中拿过托盘，放到水槽里。你戴上粉色手套，在盆里装满热肥皂水。

我来擦，他说。伸手越过你去拿茶巾时，他的手肘擦过你的。他动作很麻利，一次能擦干两个茶碟。

她把你调教得够好的啊，你说。他没反应。

他开车送你去奥尔德格罗夫机场[1]。

他们有些人在说停火的事，你说。

是啊。我们这边有几个人经常往伦敦跑。

最后的十英里，你一言未发。在下客点，他张开手指，平放在方向盘上，又握成拳头，再平展开。你检查了机票，收拾好东西，准备跟他开一两句玩笑。但转身看到他，就打消了这个念头。湿漉漉的窗外，电石灯闪烁着一团团橙色的微光。他的脸隐没在黑暗中。你伸过一只手去，用指侧抚过他太阳穴处的凹陷、宽大的颧骨、下颌的线条。你下了车，克制住自己没有回头。

离航班起飞还早，你到购物区走了走。化妆品柜台的选品毫无吸引力。去年的眼影盘，已经停产的名人香水。你可怜收银台的那个女人，买了一支透明睫毛膏。用来画

---

[1] 现在的贝尔法斯特国际机场在1983年以前也叫奥尔德格罗夫机场。奥尔德格罗夫是机场附近的一个村庄。

剪影

眉毛很不错,你说。这是她卖出的第一支睫毛膏。几分钟后,你手拿一包土豆法尔饼[1]走过她身边,她报以微笑。

飞机上,一名女乘务员在免费发放第二天的报纸。头版登了一张监控拍到的照片,模糊不清,带点棕黑色调。看着是个男孩牵着个蹒跚学步的小孩儿,穿过一个购物中心的大厅。萨迪葬礼的新闻在第二页。标题的语气振奋得意,但你几乎没怎么看进去,而是仔细去看照片了。好一会儿你才找到自己。你找的是一个穿着绣花蕾丝上衣的女孩,胳膊下面夹着一个鼓囊囊的帆布手包。眨眨在你后面一排,还要再往旁边数三个人。他的头微微侧向一边。他正看着你。下一页轻描淡写地介绍了你哥哥曾经被判处的轻罪,用要点的形式列出了那些归咎于他的罪行。他投的炸弹炸毁了克劳福德先生路虎车的尾翼,还炸飞了他的右脚。他枪杀了一名阿尔斯特防卫团[2]的预备役战士。他越过边境,抢劫了一个滨海村庄的邮局。第三页有张剪影男的照片。他很年轻,看样子还不满二十岁,长发。一只手上戴了手套,上面栖着一只红隼。人和鸟都看着镜头。你睡过去了,醒来时张着嘴,飞机正在降落。你抽出报纸的这

---

1 土豆法尔饼(potato farls),一种爱尔兰传统食物。
2 阿尔斯特防卫团(UDR, Ulster Defence Regiment),英国陆军在1968年"北爱问题"爆发后,于1970年在北爱尔兰成立的步兵团,1992年与爱尔兰皇家别动队合并为皇家爱尔兰团。

几页,折起来。你把它们塞进手提包的口袋里,里面还有眨眨留下他电话的小纸条。

你总觉得会发生点什么,但日子一如往常,缓慢而紧迫。他们开车到路边来接你。你一言不发就上了车,回头朝房子的方向看去,但已经拐了弯,看不到了。你没有被逮捕,红发的那个对你说,此时车正开过军营的大门。他们把你带进一个房间,里面有张蓝色富美家[1]桌子,墙面是米色的,不过事后你回忆起来总感觉有点灰灰的。他们让你抽烟。红发人在桌上摆了一些照片。那座拱桥,后面隐约能看到麦克阿林登家棚屋的轮廓。从桥那头拍摄的道路,伊丽莎白时代的堡垒右边角落那爬满常春藤的墙。一个印有大胸比基尼女人的啤酒罐被丢弃在一片黑暗中闪着光的草地上。柏油路上的一颗牙齿,白森森的,牙根处还带了一块软骨。

我们已经知道当时酒吧里都有谁了,高个子的那个说。

既然你都知道了,还找我来干什么?你回应道,伸手拿烟。红发人拿起烟盒,一根根地揉碎到地上,仿佛那是奥克索浓缩高汤方块。

---

1 富美家(Formica),家具板材生产商。

剪影

你什么时候离开的？他问。

十点之前。

你离开的时候还有谁在那儿？

你耸起肩膀。我当时很醉，你说。

他们走了，把你晾在那里等了一个小时，两个小时，照片还摆在桌上。你不去看那颗牙，但目光总是禁不住回到草地上那个啤酒罐。罐子下面的草乱七八糟，好像被靴子踩过。你的腰腹蔓延着一股疼痛。你站起来舒展身体，在房间里走来走去，避开地上的烟草与白纸的碎屑。你的内裤黏糊糊的。

一个女人走了进来。她留着波蒂头[1]，涂着与制服相配的绿色眼影。她手上拿了个写字板，上面夹着纸。

我要上厕所，你说。

坐下。

我来例假了。

我说了，坐下。那两个人也回来了。

---

[1] 波蒂头（Purdy hairstyle），20世纪70年代伦敦一位著名发型师为英国女演员乔安娜·林莉要扮演的影视角色"波蒂"设计的发型。

你在布罗姆利南站[1]外等他。他出现在上面的楼梯口，然后就走错路了，又逆着人流折返。看到你，他的脸色变得轻松起来。你招了一辆黑色出租，把餐厅名字报给司机。他拿着一个深色行李包，塞在双脚后面。你订了商业街上的一家意大利餐馆；你猜他不爱吃咖喱。

餐馆给了你们一张靠近窗户的桌子，但他指着一个凹处，问坐那张桌子行不行。墙上画了断裂的罗马柱和悬铃木，你椅子边的基座上有一个雪花石膏女半身像，裸露出一边的胸部。他俯下身子，用指关节敲了敲塑像。是聚苯乙烯的，他说。

你不满意吗？

完全没有，他说——他的发音跟你很像，完全米有。一点也不像真正的意大利人。红的还是白的？

喝红的我会像个吸血鬼。

他把酒单递给你。你挑了磨砂瓶装的弗拉斯卡蒂白葡萄甜酒。

你饿吗？他问。

饿死了，你说，点了一份沙拉。他笑了。你在这里的时候一般住哪儿？

我通常不过夜。我们都是当天往返。

---

[1] 布罗姆利南站是大伦敦地区布罗姆利市的火车站。

布罗姆利欢迎你[1]。你现在在保守党的腹地了。

他对你小心翼翼。为你倒酒，付了账，把门打开请你先走。你们在越来越暗淡的天光中走过三条街回家，你将外套披在胳膊上。经过了消防局、白马酒吧，走过拐角，排屋的尽头就是你住的房子。他看到了你种植的小屋花园，还有粉红色的家门。

像个娃娃屋，他说。

这是情妇住的房子，这话你没说出口。肖恩的妻子威胁说要把你的事告诉他们的孩子，这是分手礼物。

在厨房里，他从包里掏出一个用泡沫套包着的酒瓶，递给你。你从碗橱拿了两个平底酒杯，上楼去。他以三步之遥跟在你身后，落脚很小心。你把酒杯放在床头柜上，和酒瓶摆在一起，打开台灯。他两手空空地站在那里，四下打量着。

你可不是个好酒保，你说；他满怀歉意，卖弄着开了酒。

你到浴室卸掉为晚上化的妆，这样他就看不到你化睡前妆了。遮瑕膏、灰色眼线、高光。布丽特·艾克兰[2]在一篇名为《妆若未妆》的杂志文章中推荐了这款妆容。你回

---

1 原文为盖尔语Fáilte go。
2 布丽特·艾克兰（Britt Ekland, 1942— ），瑞典籍女演员，曾饰演"邦女郎"，被公认为性感象征。

到自己的房间，他正穿着衣服坐在你的床边。你穿了很放荡的内衣，为了让他觉得这都是你的错。他看也不看你。你主动坐在他腿上，开始解他的衬衫扣子。你把他的双手放在自己屁股上，但他就停在那里，没有动作。你想着还能怎么办，突然就想到了。你把嘴伸向他的耳朵，舌头舔了一圈耳垂，念出他的名字。你们俩都屏住呼吸，接着他就像一条狗似的扑到你身上了。

当然，你叫的是"基兰"。他本来就讨厌那个绰号，而且那只眼睛反正也已经好了；更何况，如果你叫一个男人"眨眨"，是没法跟他上床的。

他递给你一杯白兰地，你从烟盒里抽出一支烟。你那边的床头柜有个打火机，你说。他拉开上面的抽屉，边边角角都翻了翻。又打开下面的抽屉，然后一闪身，双腿着地，盯着抽屉里看。他把整个抽屉拉出来，放在膝盖上，翻看着里面那捆剪报。

这他妈是什么东西？

放回去。

他把剪报一张张摆在床上。我的天啊，他说。你脑子没毛病吧？

你没法向他解释为什么一直保留着这些东西。他看到的只是一页又一页的犯罪新闻剪报，觉得很病态；他不能理解你搜集这些剪报时的心情。

他们放你走的时候,你的裤子已经没法穿了。你走进药店。克劳福德的女儿递给你一包卫生巾。你发现自己甚至都还没从柜台前转身,她就在捂嘴窃笑,示意另一个店员看。没地方清理。公共厕所都锁着,防止有人往里面安放炸弹,你在这种状态下也很难走进酒店。你开始步行回家。一辆车慢下来,你把头缩进肩膀里,有那么一瞬间心里害怕车里是那群人,但那只是一辆邮车而已。他们应该不会再半路把你抓回去了,你告诉自己。你已经遂了他们的意。

小妹妹们让狗趴在草坪上不动,从它身上拈出一只虱子。你走进门厅,能听到母亲在厨房的动静,她的拖鞋发出轻柔的啪嗒声,水淋在水槽里的土豆上。你走进客厅。萨迪那双好鞋还靠在壁炉架上。你把鞋拿到院子里,用一块石头刮掉上面干了的泥土与血迹。鞋子上还沾了别的东西,草或者头发。是草,你对自己说。只是草。

你上了楼,放水泡澡。水是温热的,你放任自己泡进去。你在身上打了肥皂,双腿之间飘出一朵浅黄褐色的云。你手指上沾了墨水,因为他们让你签声明的那支笔漏墨。你用指甲刷去刷墨迹,一直刷到珠光指甲油开始从你指甲上剥落,但蓝黑色的污迹就是刷不干净。

你穿好衣服，下楼去找母亲。她把一个派从原装的罐子里舀到耐热玻璃盘子上，一勺勺地堆成小山。萨迪出现在后门。他整张脸被太阳晒得通红，齿间叼着一串麦穗。小妹妹们进屋了，坐在桌边，他步调轻快地转着圈，冲她们表演，仿佛自己是沃泽尔乐队[1]的一员。

他看到你湿漉漉的头发。星期三就泡澡？你对自己还真好，他说。

哈哈，你出声。你坐下来，往嘴里放了块肉。感觉越嚼越大了。

眨眨就在他身后，走来走去。你的母亲给他们两人各递了一个盘子，他们坐在你对面。

你用叉子背压碎一个土豆，抬起下巴看着他。嗨，基兰，你说。

萨迪靠在椅背上。现在叫基兰了，是吧？肯定是爱上了吧。

滚开，你说。瞥了一眼眨眨。他两只耳朵都红了，低下头开始吃东西。他的袖子被扯到指节处，袖口掠过稀稀的肉汁。他的手指上有污迹。墨黑的，和你手指上的污迹一样。

---

[1] 沃泽尔乐队（The Wurzels），英国萨默塞特郡的一支多人乐队，在20世纪70年代红极一时。开创了"烈性苹果酒与英国西部乡村"的独特音乐流派。

剪影

你本以为你几乎什么都不想要,结果自己都很吃惊,你得把后座完全折叠下去,才能装下所有的东西。一箱不成套的瓷器,一张混杂着4711古龙水和樟脑丸气味的梳妆台。骨柄餐具,母亲在圣诞节时用来煮火腿的大长鱼锅。门厅的镜子。你本想把壁炉围栏带走,但你的烟囱用砖头砌死了,况且布罗姆利也没法烧炭火。你将钥匙插进锁里转动着。你不会再回到这里了。

你本想上车,但却穿上了休闲鞋想去走走,又擦了点丰唇膏。在大门口,你朝右走去。一辆面包车从南边开过来,经过你身边,你走到水沟上面的拱桥上,给车让路。麦克阿林登家已经面目全非,房子被改成了办公室,后面有个巨大的灰色棚屋,受惊的家禽发出急切的呜咽声。伊丽莎白时代的堡垒看起来倒没什么变化,上面密密麻麻地覆盖着常春藤。那座桥比你记忆中的更小巧,更漂亮,上面由石头构成的图案,是你小时候从未注意过的。你蹲在柏油路上,尽管那颗牙齿早已不见了,被封存在了某个地方的某个聚乙烯袋里。仍然有十几岁的少年在这里喝酒,但他们的口味已经变了。巴基酒,小瓶的伏特加。一个可特薯片的空袋子。你以为自己会找到某种记号,某种痕迹,但什么也没有。只有一座漂亮的拱桥,郁郁葱葱的田野,爬满常春藤的废墟。

你走回家,换上高跟鞋。开出车道左转时,你打开了车窗,想让车里充满来自这片土地的潮湿气味。一阵风吹来,反而带来一阵难闻的鸡味。

半路酒馆的旧址上建了一个新的酒吧兼餐馆,入口在侧面。停车场里挤满了来吃周日午餐的人群。你挑了一张靠前窗的桌子坐下,想着点唱机曾经就在这个位置,但新修的建筑比原来离马路更远了,所以你不确定。你本应该先到的,这样基兰就能信步走进来,装作一副看到你很惊讶的样子。此刻他正在吧台那边,手里握着一杯威士忌。

他从那头走过来,重重地坐在你面前。

你应该半小时前到的。

我去散步了。

去哪儿?

走到桥那边。

去他妈的。

一个女服务员走过来为你点餐。她的眉毛比眼线还要细,背诵今日特餐菜单时,银色舌钉一闪而过。你向她要了一份沙拉和气泡水。他又点了一杯威士忌。

你应该吃点东西。

我不饿。

她自己都会来一份烤肉,我猜。

剪影

他看着你吃东西。现在他随时都在看着你,就像你什么事情都做得出来。他站起来付账时,你发现自己不知不觉地在地板上迈步,想要走一走那个剪影男走过的地方,但你不知道前门或吧台曾经的位置。他从收银台转过身,低声吼了你一声。

你在搞什么鬼?

我摇晃着袋子,把里面的菜叶倒到盘子里,再把煮好的鸡块倒在上面。我端着这盘菜坐到沙发上,打开电视,开始回放,按下播放键。摄像机镜头掠过田野,拍了堡垒、养鸡场、拱桥。天是一片浓重的白色。记者站在那间酒吧兼烤肉店前,就是半路酒馆的旧址那里。他指着停车场的角落。四十年前,他说。接着出现了那些照片。穿着红金色制服的剪影男,背景是彩绘的树木与柱子。还是他,贝雷帽拉低到耳尖,在一条散落着砖石的街上被女人们围住。萨迪的尸体躺在一条湿漉漉的路上,双脚外翻,一块布盖住了他的头肩。

空房间里的男人,头微微左转,后面透出昏暗的灯光。他宽厚的下颌线,因为喝酒看上去更为松弛。他开口说话,但这样的语气根本不属于他,这人在演戏,他太年轻了,说不出这些话。酒吧里还剩我们四个。萨迪、马伦、那个士兵和我。我们跟着他到了停车场，跟他干了一架。我们三个人合力才把他弄进车里。到桥边，我们又开始揍他，揍了好几个小时。他停下来，喝了一口水。他什么也没告诉我们。他是我见过最勇敢的人。一个他妈的疯子。他抬起一只手放在额头上。我看到了，他的眼神极其轻微地萎靡了一下，就那么一秒钟。

我在门厅点了一支香薰蜡烛，打开客厅桌子上的紫外线灯。我摆上一碗温水，几瓶虫胶，指甲油，闪粉。约两点钟的客人到了，早了三分钟。她和我同龄，额头光亮，胸部如皮革般硬挺。我擦去她旧的指甲油，将她双手放进盆里；我的手一直握着她的手，揉搓着指甲周围。她选择了在一本杂志上看到的焦橙色。我分多次薄涂，每涂一次就要在灯下烤干。蓝光照出了老年斑和凸起的血管。她看着这一切，眼里含着恐惧。她告诉了我一个秘密。他们总是这样。

The flight attendant who brought the beer was the same one who'd performed the safety demonstration an hour earlier as they'd taxied down the runway at San Francisco. 'In the unlikely event of landing in water,' a disembodied voice had said as the woman popped a lifejacket over her head.

部分获救者名单

撰文　　丹妮尔·麦克劳克林（Danielle McLaughlin）
译者　　金逸明

拿来啤酒的空姐，正是一小时前飞机在旧金山机场跑道上滑行期间给大家做安全演示的那个。"尽管不太可能，但万一飞机要在水上降落。"伴随这个空洞的声音，空姐在她的脑袋上啪地展开一件救生衣。"不太可能"，太轻描淡写了，康纳想。他不想做一个死抠细节的人，但这点让人忍不住。他不太可能打包了一个欧式转换插头，但出租车在路牙子边等待时，他塞进箱子的那堆乱七八糟的配件里可能会有一个转换插头。坐在他左边的男人不太可能很快闭嘴，但不是不能想象喉咙疼可能会发生。他们全都坠入大西洋冰冷的海水里，眼球被小鱼吃掉——把这种可能性与其他这些更世俗的可能性相提并论，不知怎么的，总感觉不太对。毫无疑问，至少该是"极其不可能"吧？

他的另一边坐着他的前妻，里斯。他俩结婚十年时，他发现她正在跟海洋生物中心的一个同事出轨，一个名叫丹的年轻男人。康纳私下里叫他"藜麦丹"[1]，他梳发髻，穿匡威，做烤盘素食菜。康纳去过丹的公寓一次，在里斯出

---

[1] 加拿大食品公司丹帝（Dan-D）旗下的一款畅销产品是藜麦。

轨前。他吃了庆祝丹三十五岁生日的无面粉纯素蛋糕，在位于使命湾[1]的一个老瓶装厂的阁楼里，那是一个长方形的开放空间，里面摆着升级改造的家具，地上铺着软木地板。拿婚外情的事情跟里斯对峙时，她说她很抱歉，但她没说会停止跟丹来往。反而是默默打包了一个行李箱，离开了。这是一月份的事情。

"这可能听起来有点奇怪。"四月底的一个周六晚上他给她打电话时，他是用这个开场白来提出要求的。

"说吧。"她说。

里斯和丹的婚外恋后来结束了，她在贝尔蒙特租了一个一室户公寓。关于离婚一事，他俩都保持着文明有礼的态度，否则还能怎么样呢，康纳想，在他们这种年纪，他五十二岁，里斯四十七岁，他们也不是为爱痴狂的高中生了。

"还记得我爸一直很喜欢你吗？"他说。

"你爸人很好。我永远都会敬重他的。"

"是这样的，"他说，"老爷子最近情况不太好。"他停下来。打电话前他曾对此思考了很久，但现在他却害怕自

---

[1] 使命湾（Mission Bay），旧金山东侧一个占地303英亩的社区。

己打错了算盘。"他的肺很糟糕，心脏很糟糕，肾脏也不好。7月10号是他的八十岁生日，乔安妮希望我们都能去。"

"我们？"

"是的，我们。你。我。"

"哦。"她说。他听到电话线的另一头传来一声轻轻的闷响。他想象她放下电话，食指在头发里绕来绕去。她疑惑时总是这么做。"里斯？"他说，"你还在吗？"她是在床上吗？他想知道。他想象自己的声音沿着电话线穿行过去，在他老婆的新卧室里再见到她。

"我没想到会被邀请，"终于她说，"我害怕你爸会把我想得很坏。我担心他会把离婚怪在我头上。"

好吧，这还能怪其他人吗？康纳想。"你一定不能提这事，"他说，"我爸不知道。"

"这种事情，是做父亲的应该知道的，康纳。你怎么能不告诉他呢？"

"那会要他命的，里斯，那会伤透他的心。他一直觉得你放个屁都是香的。"

"乔安妮知道吗？"乔安妮是康纳的姐姐。

"她以为我们正处在关系不太好的阶段。"

里斯沉默了片刻。"他们依旧问起我吗？"她问。

"当然，"他说，"我告诉他们说你很好。"他停顿了一下。"这是叫你帮个大忙，我明白，"他说，"费用都由我来承担，这是不用说的。"

"我很为难，康纳。这算不算……撒谎？"

"不算，"他说，"这是一种善意。我爸活不到下一个生日了；他甚至都可能活不过这个生日。我想要为他做这件小事。我想要让他死的时候以为我们过得很开心。"

她对此什么都没说。你开心吗，里斯？他想问，却没问。假如她是开心的，他并不会介意。所有这些伤痛之后，假如他俩谁都不开心，那就太遗憾了；那就实在是太不值得了。

"好吧，"她轻轻地说，"我会去的。我一直很爱你爸爸。"

飞机进入一小团乱流，系好安全带的指示灯亮了起来。不太可能。康纳握紧他的啤酒。坐在他旁边的是一个从特拉华州来的男人，桶状身材，脸色泛红，像维多利亚时期人们用来暖床的砖块一样散发着热气。特拉华州男人在一家安装避难室的公司工作，他详细描述了这类空间的复杂细节，每一个装着条形照明灯的通道，每一处光学错觉，气喘吁吁、不带停顿地念叨，既像推销宣传，又像在朗诵十四行诗。"另一半人是如何过的[1],对吧?"他对康纳说,如此快速精准地被归入某一半人,让康纳不爽了一小会儿。他们坐的是经济舱,这个男人庞大的身躯从分配给他的空间里溢出来,他的胳膊、大腿、肚子、整个汗津津的身体,不断地入侵别人的空间。坐在康纳另一边的里斯,小心地保持着肢体完全不会触碰到他的坐姿。

在都柏林机场,他们租了一辆轿车,一路往北开。他们上一次开在这条路上时是夏天,天气不像今天那么阴沉,而是一个大晴天,小平房前都晒着铺开的毯子,俯卧在前院草地上的惨白身躯像一块块等着被风干的咸鳕鱼。今天,田野上覆盖着细雨。天色超脱尘世,在远处的沼泽湖上洒下一片银光。去年秋天,里斯跟一批动物保护志愿者去梅里特湖[2]参加一个周末培训,那群人里就包括藜麦丹。如今所有的湖在康纳的脑海里都嵌入了丹和里斯在一艘小船上的画面,里斯穿着短裤和比基尼,阳光晒在她本已晒黑的肩膀上,小船带着他俩漂进远处的鳗草带或罕见

---

[1] 英国有档真人秀叫"另一半人是如何过的"(*How the other half live*),每集内容是一个富有家庭资助一个贫困家庭。
[2] 梅里特湖(Lake Merritt),位于美国加州奥克兰市中心东侧的一个大潮汐泻湖,1870年被认定为美国第一个官方野生动物保护区。

鸟类的栖息地中。

里斯不停调着收音机的频道。她谈到鳗草的保护,谈到他们在海洋生物中心房顶上装的一种新型太阳能板。然后她陷入沉默。"难道你不想知道我的情况吗,康纳?"最终她说,"难道你不想知道我过得怎么样吗?我承认我对事情的结局负有责任,但走过十年的婚姻,你在过去的七小时里却没有问一次我过得怎么样?"

"你过得怎么样?"他说。

里斯叹了一口气,扭头看向窗外。"算了。"她说。

他的父亲住在李斯特兰,跟康纳的姐姐乔安妮住在一起。离镇子还有一英里的地方有一处纪念碑,四座大理石雕刻的半身像立在一个石灰岩的基座上,以纪念独立战争时期被黑棕部队[1]俘虏的四名当地人。他记得小时候听过他们的故事,他们被带到一个小棚子里,被枪打残双腿,接着棚子被点燃。他们驶过纪念碑时,租来的车子的车窗敞开着,康纳觉得自己能感受到气氛变得沉重压抑。

"你觉得某种极其可怕的物质可能占据一个地方的苍穹吗?"里斯说,"有可能吗?"

---

[1] 黑棕部队(the Black and Tans),爱尔兰独立战争时期被招入爱尔兰皇家警队的巡警,目的是协助爱尔兰皇家警队镇压爱尔兰共和军,以维持英国在爱尔兰的统治。"黑棕部队"的名字源于他们最初临时采用的制服颜色组合。

他第一次带她来这里时,跟她讲过这几个被俘男人的故事,讲过他们被枪杀。"你是指鬼魂吗?"此时他问道。

"倒也不一定是鬼魂,"她说,"更类似于一张照片可以被叠加在另一张照片上。"

之前来这里时,他们总是住在他家,但这一次他们没办法去住康纳小时候的房间,那个房间只有一张床。他也没办法去睡楼下的沙发——乔安妮已经在问东问西了。他跟他姐说他们会住宾馆,因为里斯需要用无线网络工作。

"我们这儿有网络,"乔安妮说,"我装了有线网络。"

"里斯需要高速网络连接,"他赶紧说,"目前她忙得要命。"

"我希望她不会错过爸爸的生日。"乔安妮说。

"她绝对不会的,"他说,"她很喜欢爸爸。"

他们住的是镇上唯一的宾馆,一家小小的家庭旅社。订两个房间会暴露他们的情况,所以他跟里斯达成协议说他会订一个有两张单人床的房间。但当他转动钥匙打开房门时,他看到的却不是两张床,而是一张。里斯跟着他走进去,放下她的行李。他注视着铺得整整齐齐、散落着靠垫的床。他想知道里斯是否会叫他下楼去大堂,坚持要前台按要求给他们换成两张床的房间。或许他能说服她实际点;毕竟,他俩有过太多躺在彼此身边却不性交的实践经验。这不是什么超出他俩能力范围的事情。藜麦丹出现前的一年,他俩的婚姻就不是完全没问题,这是一个最近他才对自己承认的事实。他甚至可能会以此开个玩笑:"没事的,里斯,"他可能会说,"就像过去一样。"

里斯打开她行李箱上的弹簧锁。"没关系。"她说。她从箱子里拿出一套换洗衣服和洗漱包。"我先去洗个澡。"

她没有纠结床的问题,让他感到惊讶。或许,他想,这说明她对他还有感觉。另一方面,这可能意味着她压根就没想到性,并且也认为他不会想到。

他从小到大住的房子在一条断头路上。粗石灰泥外墙,前面有一个花园,后面有一个院子,零星有序地散布着一些花丛,还有一块半新不旧的四方形柏油碎石地,是乔安妮停车的地方。他按门铃后,没人立刻来开门,但窗帘被拉开了一点,一个老妇人朝外张望,康纳认出她是邻居狄龙夫人。窗帘又被拉闭归位,片刻之后,他爸出现在门口。"里斯!"他说,"欢迎,欢迎。快进来。"

"爸爸好。"康纳边说边递给他爸一瓶威士忌。

这时乔安妮跑出来,捏住康纳的肩膀打招呼,亲吻里斯,当他们跟着她爸穿过门厅往里走时,她朝她爸的方向翻了一个白眼。他爸把威士忌酒瓶像火炬一般抱在胸前。他穿着一条皱巴巴的棕色休闲裤,款式跟他二十几年前买的没两样,上身套着一件阿兰群岛开襟毛衣[1],纽扣一直扣到脖子。他的步态比康纳记忆中的更迟缓。

在厨房里,他爸朝狄龙夫人的方向挥挥手。"你认识阿格尼丝的。"他说。

那么这是狄龙夫人的名字。康纳不记得以前听说过。

"他当然认识我,"她说,"我还记得他穿尿布时的样子呢。"

康纳勉强挤出一个微笑。"很高兴再见到你,阿格尼丝,"他说,"这是我的太太里斯。"对阿格尼丝直呼其名,感觉几近亵渎神明。康纳不记得小时候曾这么叫过她。即使在他妈嘴里,她也始终是"狄龙夫人"。

里斯和阿格尼丝握握手。"新地砖?"里斯用脚轻拍厨房的地面说。

"是的,"他爸高兴地说,"阿格尼丝觉得它们需要更换。换掉后的效果非常好,我必须承认。"

康纳注意到他爸和阿格尼丝在厨房里的互动很轻松自在,当阿格尼丝打翻瓷质小盐罐时,他爸笑得很肆意。与此同时,乔安妮却把沙拉盘重重地放到桌上,盘子里的小番茄像红色斯诺克球一般滚来滚去。他一直盼着阿格尼丝走,但看来她是要加入他们了。

---

[1] 爱尔兰的阿兰群岛(Aran Islands)以其绞花针织毛衣而闻名于世。

"旧金山是什么样的?"阿格尼丝说。她坐在康纳旁边,面对桌子另一头的他爸。

"很棒,"康纳说,"旧金山很棒。"

"有穆斯林吗?"他爸说。

"有穆斯林,有的。"康纳说。

"我们这儿也有,"他爸说,"穿着全套衣服在外面。头巾,络腮胡,全套行头。"

康纳清清喉咙,希望一个合适的回复会自动出现。狄龙夫人给他解了围,她在这当口突然重重地咳嗽了一小下,紧接着还发出了呛住的窒息声。眼泪涌入她的眼眶。她把一根手指伸进嘴里,掏出一团筋拉拉的绿色东西,可能是芹菜,她把它放在盘子的边缘上。她低头盯着这团东西看时,脸变红了。康纳看见他爸把手伸到桌子对面,轻轻地拍拍她的手。这个举动透出一种让人不安的亲密,仿佛他们当着他的面发生了某种性行为。他还感受到另外一种情绪,一种他无法立刻确认的情绪,但过了一会儿,他反应过来了。那是嫉妒。他嫉妒他八十岁的老父亲和阿格尼丝·狄龙,阿格尼丝少说也肯定有七十五岁了,此刻她正用格子衬衫擦拭自己刚抹过口水的手指。

"爸爸,"乔安妮皱着眉头说,"或许你可以给阿格尼丝倒杯水。"然后她转向里斯:"明天有安排吗?"今天是周五,他爸的生日是周日。对外,他们是在度假。

"我们要去贝尔法斯特参观'泰坦尼克号'博物馆,"里斯说,"我有一个祖辈在科夫[1]上的船。我想邀你同去,但我猜你一定去看过无数回了。"

"我从来没有去看过。"乔安妮说。

"从来没有?"里斯说,"那你一定要跟我们一起去!"

"我也从来没去看过。"阿格尼丝说。她看看桌子对面康纳的父亲。"你去看过吗,丹尼斯?"结果,丹尼斯也没去看过。

"人多更开心,"里斯说,"车子坐得下,不是吗,康纳?"

他把叉子搁在盘子的边缘上。跟狄龙夫人一起开车一日游。这是哪一码的新鲜事啊?他第一次听说"泰坦尼克号"计划是他们在租车柜台等工作人员填写文件时。"坐得下。"他点点头说。

乔安妮站起来,开始收盘子,把它们噼里啪啦地扔在水池里。"你真好,里斯,"她说,"但明天轮到我负责祭坛上的花卉。而且"——她刻意看着她爸——"我想你和康纳也更愿意单独玩一天。"

阿格尼丝随乔安妮走到水池边,开始把盘子再度拿出来,把它们整齐地堆在一边。"没关系,乔安妮,"她说,

---

[1] 科夫(Cobh),爱尔兰科克郡南海岸的海港城镇,是1912年"泰坦尼克号"发生船难前的最后一个停靠港。

部分获救者名单

"我们会给你带棍子糖[1]回来。"

吃完午饭,他爸和阿格尼丝去给阿格尼丝的姐姐买食品杂货,康纳、里斯和乔安妮则来到客厅里。

"这是怎么回事?"康纳尽量轻描淡写地问。

"爱情,"里斯轻轻地说,"就是这么回事。"

乔安妮倒好咖啡,把杯子、茶托和一盘饼干传给大家。她挨着里斯在沙发上坐下。"我已无计可施,"她说,"最新情况是她让他吃一种新药片。"她一只手伸进裙子口袋,掏出两粒胶囊,它们都被压扁了,一粒药漏出银色的细粉。她把它们放在摊开的手心上。"它们会是什么,康纳?"

他以前就试图跟他姐姐解释过,作为高中化学老师,他对药品知道得不会比普通青少年多;很可能还更少,但这都是徒劳。"我不知道,"他说,"我需要看它们的包装盒。"

乔安妮叹了一口气,把胶囊塞回口袋里。"我不知道他把包装盒放在哪里,"她说,"这两粒胶囊是他忘在电话机旁的。"

---

[1] 棍子糖(stick of rock),一种留兰香或薄荷口味的长条形硬糖,英国和爱尔兰的旅游景点经常会卖这种糖。

"但它们是糖,不是吗?"里斯说,"我觉得它们是糖。"

乔安妮放下茶杯和茶托。她用力地眨眨眼睛,有一瞬康纳害怕她会哭。她再度开口时,是对里斯说话。"你知道她现在让他做什么吗?"她说,"老年瑜伽。前两天晚上,我走进来正好看到他们。而且他现在开始说要跟她结婚了。让人恼火,我还记得她以前看不起咱妈的样子。看不起我们全家。她在街上碰到我们,不会跟我们说话。换成其他任何一个人,都不会这么糟。虽然也不会十全十美,我跟你实话实说。但阿格尼丝·狄龙!她是想要房子,当然,这点我们都明白。我还没想好怎么跟咱爸说他不能跟她结婚。谢天谢地,你在这里,康纳。"

"我?"他说。

"是的。我觉得你可以跟他谈谈。他总是听你的。"

有一瞬,他感到自豪,她认为他能承担这个任务。他确实可以说出很多关于婚姻的告诫。比如婚姻如何让他伤透了心,让他变成一具行尸走肉,晚上需要吃两种药片才能入睡。但他没办法对他爸说任何一点,因为他爸以为自己儿子婚姻幸福。

乔安妮注视着他,眼神充满期待。

"好吧,"他说,"但我需要等一个合适的时机。"然后他找了个借口,走到外面,沿着房子后面通往主路的小径走。他一路走到爱国烈士纪念碑。他以前没注意到,但这次他发现他们中有几个人脸上呈现出只能被形容为自鸣得意的表情,尽管很难理解他们有什么好自鸣得意的。现在时间已晚,天色渐黑。他转身,开始往回走。他没能想得更明白自己该如何处理他爸和阿格尼丝·狄龙的事情。茂盛绿树的枝条伸到小径上,被轻风吹得沙沙作响,让他不时得避开它们。在他看来,夜晚的暗影和孤寂,这两者的精妙组合让人觉得夜晚能带来智慧,即便不能带来智慧,至少也能给出一个切实可行的答案。但没有任何东西自动显现出来。

那天晚上,在宾馆的房间里,他俩尽量用最不带感情色彩的方式在唯一的床上躺下。关灯后,房间里只剩下街灯的柔和光亮,康纳偷看了一眼他的妻子,假如她依然还算的话。她仰面躺着,眼睛盯着天花板。她的面容平静,放松。不可能猜得到她在想什么。没人比里斯更会隐藏自己的情绪;世界末日,或是慈善二手店打折时买的梅森罐裂了:这两件事会让他妻子的脸上呈现出同一种疑惑且难以捉摸的表情。

"你不该对你爸的生活指手画脚,"里斯说,"乔安妮也不该指手画脚。"

他感觉仿佛她发现他在盯着她看。"他是我们的父亲，"他说，"我们不管的话，谁会来管？"

"他是一个成年人，"里斯说，"他有跟自己喜欢的人结婚的自由。无论如何，我不觉得这有什么问题。"

先前他散步回来后，乔安妮又花了半小时试图解释这个问题。在康纳看来，她说了几个非常有道理的点。里斯却没有被说服。"拜金女？"她笑着说，"哦，别乱想了，乔安妮，这都哪跟哪呀！"康纳看到他姐的下巴朝外努了努，她生气时总是这个神情。

"这可能是发生在乔安妮身上最好的事情。"现在里斯继续说道。她依旧盯着天花板。"可能是她的救命稻草。她在这儿的生活一成不变，照顾你们的父亲，已经这样很多年了。这不是因为纪念你们的母亲，康纳。而是因为乔安妮不想改变，不想让阿格尼丝进入她的地盘。"

"或许乔安妮在自己的地盘上过得很开心？"他说，"你想过这点没有？""你觉得乔安妮开心吗？"里斯说。

外面的街上，有人在人行道上砸碎了一个酒瓶，一只狗叫叫停停。"但她能去哪里呢？"最终，他说，"她能做什么呢，要是她离开的话？一个独身女人，在她这样的年纪？"

"我要假装没听到这句话。"里斯说着转身侧卧，面朝墙壁。她拉紧肩膀处的被子。"向我保证。"她背对着他说。

"什么？"

"向我保证你不会对你父亲说什么。"

她有什么资格谈承诺?康纳想。"我保证。"他说。

"泰坦尼克号"博物馆相当大,有八层高。从外面看,它像一座冰山。在馆内,第一件引起里斯注意的展品是一则装裱在镜框内的旧报纸报道,一篇标题为"部分获救者名单"的文章。人类总是在迎合希望,无论是否有理由抱有希望,康纳想。"最终确定的全部获救者名单"是什么时候公布的?决定何时不再抱有希望,这个任务是由谁来承担的?他想到船上的乘客在漆黑的海水中上下沉浮,等待救援,接着他又想到沉到海床上、不再等待什么的尸体。

里斯的祖先在"泰坦尼克号"沉没事故中溺亡,但她还是在礼品店买了一张这篇报纸文章的复印件。"你觉得你爸会想要一张吗?"她说。他知道他爸会如何谈论这类东西:傻瓜的钱就是好骗。但那是他爸以前的想法。现在他爸已经变了一个人,此刻他正跟阿格尼丝一起仔细翻看丝巾,并不顾她的反对,拿了一条丝巾去收银台,结账后充满爱意地把它围在她的脖子上。他们像是一对正在度蜜月的夫妻。乔安妮是对的,有些话是必须要说的。是的,他妈妈已经死了很长时间;她是在他大学毕业那年去世的。

但既然他爸已经等了那么久,既然他和阿格尼丝在此间的那么多年里都没有感受到对彼此的强烈需要,现在他们为什么要浪费时间打破现状,问一下也不是不合理吧?

博物馆里有一个轨道车,参观者可以坐在色彩鲜艳的车厢里穿过一个重建的船坞。每个车厢可以坐两个人。阿格尼丝想去坐,但康纳的爸爸有点担心自己的心脏问题。"里斯在哪里?"他爸环顾四周说,但哪里都没有里斯的踪影。"康纳可以跟你一起去坐。"他爸说,阿格尼丝微笑着伸出一只胳膊。

她在他前面爬进车厢时,他第一次注意到她的头顶秃了一小块,一圈白发围着一块粉色的头皮,像一名中世纪修士。离她那么近,他注意到她的弹力袜让她的腿透出一抹淡橙色。他记得小时候他在街上乱跑被她骂过,记得她跟他妈妈说业主委员会的事情时那种高人一等的口气。他想说,瞧瞧你现在的模样,现在可没那么高人一等了,不是吗?但他没有说出口。让他克制的不是善意,而是害怕她可能会以牙还牙。他清楚自己也是年老色衰;他不是布拉德·皮特或乔治·克鲁尼。他也不是藜麦丹。

一个工作人员拉好安全杆,车厢缓缓地启动。康纳想知道,这可能是一个变相的机会吗?趁里斯不在场,这是一个跟阿格尼丝聊几句的机会吗?会是一番合情合理的聊天。他会告诉阿格尼丝她是一个好女人,但不幸的是——

"不幸"这个词合适吗？或许该用"遗憾"——遗憾的是，她不能嫁给他爸。他不允许。但"不允许"这个词有一种棒打鸳鸯的感觉：罗密欧与朱丽叶，兰斯洛特和吉尼维尔；或许这只会鼓励她。他得想一种更好的说法。

"你没事吧，康纳？"阿格尼丝问。

他意识到自己正在用手指不停敲打安全杆。"我爸很脆弱，"他说，"我爸年纪大了。"

"难道我们不都是如此吗？"阿格尼丝说。

他不喜欢她这样用"我们"，一点也不喜欢，但他没有立场去争论。此时，他和这个白头发、嘴唇上有少许胡须的女人差不多共处在同一空间里。作为一名高中老师，他早就明白没有哪个程度的衰老是有意义的。

"我不希望他被任何人利用。"他说。

"任何人？"阿格尼丝问。

"你，"他说，"我不希望他被你利用。"因为这时她正用奇怪的眼神看着他，他又补充道："我不希望你跟我父亲结婚。"

"啊。"她说，跟里斯有时的语气很像。接着她陷入沉默，移开目光，车厢在哈兰德与沃尔夫造船厂的一组原版大门前停住，她似乎是被它们吸引住了。"我不会假装他没提过。"她说。

康纳体会到的感受就跟他刚到地铁车门就关上一样。

"你跟他是怎么说的?"

"我跟他说我得想一想。"

车厢继续缓慢前行,他更紧地握住扶手。还有什么需要考虑的?他想知道。"我爸是一个好人。"他说。

阿格尼丝点点头。"一个很好的人。"

"你会伤了他的心。"他意识到自己该从相反的角度来说服她,但他知道自己说的是真的。

"我要去堪培拉跟我的女儿住一起。她反复跟我说了一段时间了,我觉得这个主意挺好的,我想要在自己死掉前看看世界的另一边,我也想见我的外孙们。我还没告诉你爸。等他过完生日再说。或许我根本就不用告诉他,最近他的身体不怎么好,你知道的……"她的声音逐渐变轻。

车厢攀上一个斜坡,经过一个"泰坦尼克号"船舵的复制品。康纳朝下看,看见里斯正在挥手。里斯的另一只手搭在他爸的肩膀上,他爸正开心地笑着。车厢转过一个角落,当他再度朝下看时,里斯不见了。他爸依然站在那儿,仰着头,咧嘴笑得像一个小孩。

轨道车抵达终点,他下车时绊了一下,裤子钩到一根栏杆的边缘。他及时恢复平衡,但左裤腿却被钩破了,一块布料垂在左边大腿的前面,露出一个几厘米宽的长方形破洞。他皱起眉头。他爸冲过来扶阿格尼丝下车,她下车的架势像是一个1920年代的小明星。里斯也回来了,现在她握住康纳的胳膊,把他拉到一边。

"你没干什么坏事吧?"她说。

"没有。"

"你有没有跟阿格尼丝说她跟你爸恋爱的事情?"

从来没人能像里斯这么了解他。他没有回答,她叹了一口气。"我真心希望你没有说任何不妥当的话,康纳。"

她从包里拿出一样东西。是另一件商品,这次是一张明信片,设计仿照《部分获救者名单》,并留出空间让人填写收件人的姓名。康纳觉得这是低级趣味。但里斯却买了一叠,现在她要给他一张。她把卡片递给他的姿势透出一种仪式感,她看着他接过卡片,他觉得他察觉到一丝不寻常的羞涩。他把卡片翻过来,看到她已经写好了他俩的名字——里斯和康纳——只有两个名字,写在留出的空白处。她还在名字周围画了一个圈。他更仔细地看看。这个圈很可能是一个心形。

回家的路上,他开车,里斯坐在副驾驶座,他爸和阿格尼丝坐在后排。他瞄了一眼后视镜,看到他爸脸色红扑扑的,很高兴,他滔滔不绝地说今天有多美好,博物馆是多么有意思。"无论你怎么看'泰坦尼克号',"他爸说,"它都是一艘大得不得了的船。"他说到一半停下来,去整理从阿格尼丝肩膀上滑下来的新丝巾。阿格尼丝比平时更安静,她凝视着车窗外,一度车内只有雨刮器在挡风玻璃上来回划动的嘎吱声。他们离开贝尔法斯特时就开始下雨，一开始的小雨逐渐越下越大。

康纳发现自己希望，在周日的生日聚会上，他爸吹蜡烛时会太过用力，以至于那成了他最后的一口气，他会不明就里地在爱情中开心地死去。这让人难以忍受：想到他爸又将再度失去心爱的人；天知道，也不是说他爸还能活很久，还能再去寻爱。他会说服乔安妮点起所有八十根蜡烛，他决定。但他不会跟她说为什么。

仿佛这个想法在召唤他的姐姐，他的手机响起一条来自她的短信。"还在教堂。鸡肉三明治在冰箱里。"既然作为她救命稻草的事件，终究不会发生，那乔安妮会怎么做呢？他想知道。

此时他们又驶近了战争纪念碑。他们快到家了。他把脚稍微抬离油门踏板，放慢车速，但他没有停车。他非常想让他爸尽可能在车里待久一点；想让这个空间庇护他，只要车程不结束，这里没人会说任何悲伤的事情。可能的话，他想永远开下去，假如这能让他爸免受伤害。里斯伸出胳膊，把一只手放在他的腿上，她的手指搭在裤子破洞处裸露出的那片皮肤上。这时他们开到了纪念碑，这回他关着车窗。他不想让那些有着坚毅下巴的烈士进到车里。雨刮器来回划动，刷掉挡风玻璃上的雨水，还有他所知道的死去爱国者的无形粒子。当他们驶过纪念碑时，他朝四尊头像草草地点点头,幸运的人,康纳想,他们只在战争和叛乱中被要求证明自己,却从来没有被要求在更为可怕的爱情一事中为自己负责。

他们也许能被别人救出来,
但他们自己永远无法救赎自己。
/
约恩·麦克纳米

The rumour about the Templemore Baths was essentially circular in shape. Which is to say this one told that one, that one passed it on to the next and, within a few days, it had made a complete circuit of the 'Knit and Natter'.

搅动池水*

撰文　简·卡森（Jan Carson）
译者　马丹

---

* 小说标题原文"Troubling the Water"，典出《圣经》"约翰福音"5∶4，"因为有天使按时下池子搅动那水，水动之后，谁先下去，无论害什么病就痊愈了"。

那则有关坦普尔莫尔泳池的传闻已经被生生地传成了一个圆环的形状。也就是说,这个人传给那个人,那个人又传给下一个,几天之内,它就在"针织茶话会"[1]会员内部形成了一个闭环。源头无从说起,但阿格尼丝是最有可能的。她在市政厅那边有消息来源,她的侄孙女在环卫部工作。会员们有什么环境卫生方面的投诉都会找她,例如有带轮的垃圾桶不见了,或者公交车站频繁出现装在袋子里的狗屎,一包包的看起来都像是从肉铺里买来的碎肉。

凯瑟琳怀疑阿格尼丝就是始作俑者,尽管打电话给她的是玛丽,一开口问她借环形针(她在脸书上看到件东西,像是给早产儿织的帽子,她想试试看),又告诉她护理师把住附近的马蒂送进来了(不是马蒂·巴尔,是另一个马蒂,只有一条腿的马蒂),还说周末的天气预报很糟糕,特划算超市[2]的巧克力消化饼干买一送一,噢,顺便再问她是否碰巧听说过有关坦普尔莫尔泳池的趣闻?凯瑟琳

---

[1] 原文为Knit and Natter,由当地综合性的养老机构组织的免费供老年人参加的活动。
[2] 特划算超市(SuperValu),爱尔兰最受欢迎的连锁超市之一。

知道,尽管那语调只是轻微的变化,这才是玛丽打电话的真正原因。

凯瑟琳也不是第一次听说这样的传闻了。人们还以为只有乡下人才会对稀奇古怪的事感兴趣,以为你生活在城市,什么现代化的设施一应俱全,卫星电话啦,通宵营业的乐购超市啦,你是见多识广的人,不会去听信这些无稽之谈。实际并非如此。东贝尔法斯特多的是编造奇谈怪论的老太婆:那些玛格丽特们,莫琳们,还有玛丽们(这些玛丽的发音要和美丽接近,以区分于那些和圣母马利亚同名的玛丽)。圣母啊,这些女人太爱嚼舌根。故事越是离奇,她们越是热衷,越是要把这些奇闻异事传播出去,打电话,发消息,街头巷尾的闲聊,假如手头正好有个信鸽,那也是要放飞出去的。一则有趣的传闻是不可能被压制下去的,凯瑟琳年轻时就听说过好些有趣的传闻。

巴利比恩[1]曾有过一个年轻人,被几个开车兜风的人撞死了,竟然在殡仪馆的停尸台上苏醒过来,浑身伤痕累累,脑子也不清醒,但他最终还是康复了。他们说这就是神迹。很明显,他的奶奶是一位最虔诚的祷告者——一个作风拘谨的浸礼会教徒,脑袋上永远扣着一顶贝雷帽。他们说,是她恳切的祷告挽救了那位年轻人。在某些圈子里,你仍

---

[1] 巴利比恩(Ballybeen)和下文的巴利哈克(Ballyhack)都是贝尔法斯特以东地区的地名。

然可以讲这样的事,还是会有人相信你。同样还有一个在邓唐纳德公墓的墓碑间穿梭的女人,一个频繁出没于公园大道酒吧后墙角的皇家骑警队警官(半张脸都被汽车炸弹炸没了)。巴利哈克有个女人能治哮喘,麦当劳得来速餐厅旁边的长椅上坐着一个老头子,你给他一杯麦旋风,他能替你算命。他很准的,他们说,但无论你给他什么,他都不会告诉你赛马的情报。正经说来,新教徒不会听信任何超自然的鬼话。那些相信圣像垂泪、神迹显现的是另一类人。在讲坛上大可以宣讲求真务实,但在东贝尔法斯特的大街上,在鸡零狗碎的小客厅里,人们依然相信从未见过的事。确实也没有别的什么可以在这里口耳相传了。

有关坦普尔莫尔泳池的传闻对凯瑟琳来说是全新的。她第一次听说。她对于泳池本身可是再熟悉不过了。从1893年起,泳池就一直坚守在坦普尔莫尔大道的上风口。一幢红色墙砖砌成的带烟囱的建筑,搭配一个不太适宜的尖顶,乍看上去并不像泳池。路过的外地人——虽然也没多少外地人在这片区域穿行——很可能把它看作一座维多利亚时期的纺织厂或者一处宗教场所。泳池里面的设施也非常陈旧。漂白剂和氯水的臭味牢牢附着在每块瓷砖表面。室内的穿堂风能从这一头毫无阻碍地吹到那一头,并且所有的暖气管都生锈了。一个长方形的深水池占据了内部空间。水池上方的屋顶很高,装有玻璃,而且很不实用地做

搅动池水

成了拱顶的造型，因而水池上方的空气长年累月都是冰冷的。到了冬天，游泳的人能一边在泳道里来来回回地蝶泳，一边看着自己呼出的空气在面前凝结成雾。

泳池的边上排列着独立的换衣间，因此从换衣间出来，只消穿着泳衣慢慢走上几步就能下水了。老太太们喜欢这一点。她们不想被别人盯着看：静脉曲张的双腿，鼓鼓囊囊的肚子，连体的泳衣，还有扣在下巴底下的泳帽。那些老头子根本不在乎自己穿泳裤的样子，但仍然到这里来游泳，因为这里不仅便宜，还更方便，不用坐着汽车穿过市区到布歇路上的城市综合体。一整天的时间里，小孩儿们都在学校的时候，真正来游泳的只有老年人。当然，你可能偶尔碰上个把孕妇，或者一个年轻妈妈拽着学步的娃娃在浅水区里扑腾，小娃娃戴着橙色的臂圈，笨手笨脚又吵吵嚷嚷的。的确还有一个更让人不舒服的因素，就是有一些拄着拐棍、像长着罗圈腿的小羊羔似的年轻人会蹒跚来到泳池边，艰难地下到水里。理疗师说游泳对他们有益——"运动强度小之类的"——但凡你的膝盖脱了臼，你能做的就非常有限，要巧妙地运动才行。这些年轻人真可怜。是真可怜吗？肯定的，他们只能怪自己。老太太们在他们游过身边的时候会斜着眼睛瞄他们，而且心里清楚不要带任何值钱的东西到泳池来。你可不能放心储物柜啊。这些年轻人进进出出的，趁你连钥匙都没有拔出来就揣着你的钱包跑路了。

"针织茶话会"的老太太们是坦普尔莫尔的常客。她们每周二上午过来做水中韵律操,然后到附近的咖啡馆休息。咖啡馆的员工都是有特殊需要的年轻人。尽管咖啡不如Costa的好喝,有时候也要起身找店长重复点单,但老太太们喜欢别人看到自己也在贡献一份力量。周二并不是正式的茶话会聚会。正式聚会一般是在周四下午和周一上午。聚会地点在社区中心,由专门负责养老项目的朱莉来主持。朱莉总是为她们提供大杯温热的雀巢咖啡,吃不完的杰米·道奇果酱饼干,还有每次会后都会出现的评估表。朱莉希望能扩大会员的规模,但没有人再加入过"针织茶话会"。值得称赞的是,她们总共也就失去过两名会员:因患妇科癌症去世的马琳,开始犯糊涂、搬去儿子家的老人套房的苏珊。没有新会员加入让朱莉头疼。尤其是市政厅派她去上了有关包容性和多元化的课程之后。老太太们倒是一点都不担心。她们八个都是从小认识的伙伴。她们不希望有外人加入。她们每周两次聚在一起做针织活,聊聊闲天,还能享受社区中心的中央供暖。她们不想有陌生人插进来。除了琳达(她一刻都离不开氧气筒)之外,所有人都在周二被召集过来参加有补贴的游泳活动。

玛丽给凯瑟琳打电话的时候是周三。她们还有差不多一周才会回到泳池。玛丽没有明说凯瑟琳应该认真考虑抽空去一次泳池之类的。玛丽甚至都没有声明传闻的真实性。她只是告诉凯瑟琳其他人都在说什么。她只是尽到一个好友的义务,因为她知道凯瑟琳患有关节炎,更不用说可怜的比尔。但老实说,她真正想到的是比尔。她不想说得太直接,但她们都知道这个男人没多少时日了。尽管这整件事听起来很愚蠢,但试一试又何妨呢。病入膏肓的时候,你什么办法都愿意尝试,不是吗?她之前难道不是把自己弥留的母亲放进车里,载着她去巴利米纳[1]找那个实施信仰疗法的人?作用是一丁点没有,但至少玛丽能安慰自己她尝试过了。知道自己已经竭尽所能也是一种安慰。

谈话就这样进行了几分钟。凯瑟琳贴着听筒的耳朵都开始不舒服地冒汗了。玛丽打电话总是绕弯子,从不直截了当。你必须耐心地等待,直到谈话中那点有价值的新闻浮现出来。凯瑟琳看向房间那头的比尔。他是个贴心的人。电话铃响的时候,他就把电视静音了,然后摇着轮椅到屏幕面前看上面的字幕。她冲着他做了一个"玛丽"的口型,指着电话。他翻了个白眼,然后又开始看新闻了。电视发出的光让他更加面无血色。他今天尤其苍白。上一轮治疗让他的脸煞白煞白的。像一只放在锅里、煮熟了很久的土豆。凯瑟琳必须让玛丽挂断电话,这样她才好把丈夫

---

[1] 巴利米纳(Ballymena),距离贝尔法斯特约30英里。

弄到床上去,趁着他还能使得上点劲。

"你到底想说什么,玛丽?"她打断对方的话头。

"每周五的上午有个姑娘在坦普尔莫尔游泳,"玛丽说,"一个外国姑娘。"

"哪个外国的?"

"我不清楚。东欧吧,我想。这不是真正要紧的。要紧的是,他们说这姑娘有种医治的能力。如果你在她游泳的时候进入水里,你就被治愈了。"

"胡说八道。"凯瑟琳说。比尔开始打瞌睡了,她也快没耐性了。

"我向上帝发誓,凯瑟琳。我们利兹上周五去了,在那姑娘游泳的时候,之后她的身上就没有一点牛皮癣了。你知道的,她得牛皮癣好多年了。还有斯巴超市那个肉食柜台的年轻人,他说他的妻子把孩子带过去和那姑娘一起游泳,结果呢,我向上帝发誓,她的斜视眼治好了。我甚至听说有住在比尔斯布里奇路的人连癌症都没了。"她把"癌症"两个字说得很小声。这显然是替比尔着想,尽管比尔已经疲惫不堪,打起了呼噜。"我就是说说,"她继续说道,"别错过机会,凯瑟琳。如果我是你,我什么都愿意试试。"

"不是真的,"凯瑟琳说,"有人编造出来的。有关泳池和治愈的故事是《圣经》里说的。是耶稣施行的神迹之一。"

"是吗?我不知道这个神迹呢。好吧,如果是《圣经》里面的,那肯定是真的。"

"哎呀,对于《圣经》时代可能是。但现在不是,在东贝尔法斯特不是。"

"啊,或许你说得对,凯瑟琳。如果耶稣要在今天施行神迹的话,他应该去一个比坦普尔莫尔更时髦的地方。利斯本[1]有个水上乐园。孙子们总是吵着让人带他们去那儿玩。那里有个造浪池,还有别的什么。我敢打赌耶稣很可能去类似那样的地方。"

"确实很有可能。"凯瑟琳说,然后没多久就挂掉了。

她试着把坦普尔莫尔泳池的事抛到脑后。她清楚这是无稽之谈。或者纯粹的巧合。游泳本来就对病人有益。医生经常叮嘱要做温和的运动。所有人去了泳池之后都会感觉更舒服。跟那个外国姑娘的出现没有关系。一点关系也没有。但话又说回来,万一传闻是真的呢?他们生活在一个奇怪的时代。比尔刚跟她说了英格兰一个小伙子生了一个婴儿,美国那边就有极端狂热的"摇喊"派成员宣称他们能起死回生。当然了,你都不知道该相信什么了。当天晚上,凯瑟琳又想,把丈夫带到泳池去有什么实际的坏处吗?与其怕出丑而错失机会,还不如放手一搏。她通宵未

---

[1] 利斯本(Lisburn),北爱尔兰东部临近贝尔法斯特的城市。

眠地考虑着，等到了早餐时间，她终于决定了，是的，他们周五上午去泳池，但她必须看起来像是偶然去的，看起来和在场的那个姑娘没有任何关系。

"针织茶话会"有一半的会员都打着相同的主意。等到凯瑟琳把比尔从轮椅上抱起来，替他穿上泳裤，再转移到残疾人专用的升降机的时候，其他老太太也相继从各自的换衣间走出来。阿格尼丝有高血压。玛丽有腰痛。戴尔德丽和伊夫琳，两人总是在向对方抱怨，凯瑟琳从来都搞不懂谁有什么毛病。她们在泳池的周围徘徊，仿佛大象踟蹰于水坑的边缘。没有人想要第一个下水。保持一种若无其事的姿态很重要。你不能让别人看出来你是专门过来寻求治愈的，因为你要是没被治愈，你就会觉得自己是个十足的笨蛋。类似的僵持在去年十一月也出现过：一磅店[1]搞了一次"黑色星期五"的烟花盒促销。她们都在八点五十准时到店，准备要为每一个孙辈都买个够，但又不能让其他人看出来自己多么心急火燎。她们努力装作要过去买牙膏或者厕所清洁剂的样子，只是碰巧看到了烟花盒而已。

这天上午，她们隔着水面狐疑地看着彼此，喃喃地说着各自的借口。阿格尼丝想要减点肥。玛丽把时间搞错了，以为今天就是水中韵律操的日子。伊夫琳和戴尔德丽说医

---

[1] 一磅店（Poundland），英国最大的廉价商品连锁店，成立于1990年。

生建议她们游泳来缓解各种毛病,凯瑟琳也趁机搭了一把顺风车。她说医生也给比尔提了同样的建议。她看向丈夫,希望他给予证实,见他没反应,又轻轻踩了踩他的光脚,这下他反应过来了。是的,他点点头,医生认为游泳有助于缓解他的疼痛。医生其实并没有说过,但他们两人生活了这么久,知道什么时候该为对方撑腰。

凯瑟琳没有告诉比尔她希望来坦普尔莫尔泡一泡能治好他的晚期癌症。她发现自己说不出口。尽管这个想法在她的脑子里看似合理,但她知道,只要一说出口,就会变得荒谬可笑,就像段子里的包袱一样。所以她对丈夫是动之以情。他们十几岁的时候经常在泳池的深水区嬉水。东贝尔法斯特住房狭小,且重重叠叠,没有多少私密空间留给谈恋爱的情侣。他们很快就学会在泳池的水面下透过泳衣彼此爱抚,脸上却很淡定自如,完全无视禁止性爱抚的标语。凯瑟琳和比尔对泳池有着美好的回忆。她请求他最后一次下到泳池,为了重温旧梦,然后她就带他去S.D.贝尔[1]喝一杯好喝的咖啡,再来一块小圆面包。凯瑟琳很少提什么要求,因此比尔很快答应了,当他发现"针织茶话会"的其他会员也出现在他们的约会中时,还不免有点疑惑。

很明显,五个老太太都在等着外国姑娘出现。凯瑟琳

---

[1] 全称S.D.Bell & Co Ltd,创立于1887年的连锁咖啡店品牌,总部位于贝尔法斯特。

明白她们的打算是什么。她也做了功课的：出门前把那本旧的钦定版《圣经》从书架上找出来，把故事读了一遍。如果那姑娘拥有类似耶稣的能力——这个假设也是终结所有假设的——他们就必须等到圣灵搅动池水。或者，按照当地的说法，如果他们先于那姑娘下水，就得不到治愈了。阿格尼丝匆忙的一瞥也许是某种暗示，暗示那姑娘已经到了，正在离入口最远的那个换衣间换衣服。凯瑟琳能想象她在里面把头发扎成高高的马尾，一边想着游完泳以后去喝一小杯卡布奇诺，完全没有料到外面有六个老年人等着她下水之后就立马汲取她的能力。可怜的小姑娘，凯瑟琳想，年轻人从来都不能充分意识到自己的能力。

当姑娘出现时，她比凯瑟琳想象的还要白净；大腿有点粗壮，和土生土长的本地人一样白净。而且说实在的，也许更白净，因为本地姑娘总是涂上很厚的美黑油。她看起来没有任何神奇可言。她看起来就像一个靠刷马桶谋生的女人，或者在电子烟商店上班的。当然了，你不能以貌取人。凯瑟琳以前有个女同学最后当上了小说家，也是她见过最其貌不扬的人。她环视了四周。阿格尼丝已经往泳池边缘倾斜了身体，整个重心都放在前腿上，好似一个踩在起跑器上的赛跑运动员。玛丽也是时刻准备着，一张脸凝重地皱成一团。好吧，时间到了，凯瑟琳想。她们彼此较着劲呢，因为只有第一个接触到水的人身上才会出现神迹。其他人都不过是打湿下身体而已。有个真正濒临死亡的丈夫并不能让凯瑟琳占据任何天然的优势。每一个"针织茶话会"的会员都要为自己争取。去她们的吧,她想。她比任何人都值得。或者说,是比尔值得。她们没有谁比比尔更可怜了。而且你听到过比尔抱怨自己的疼痛,抱怨他不得不吞下的那些药片吗?不,你当然没有。比尔只是静悄悄地面对死亡。这一点就很值得称赞。当那姑娘的脚趾勾住泳池边沿,准备纵身一跃的时候,凯瑟琳用双臂抱住丈夫松垮垮的肚子,用尽浑身的力气跳了下去。

他们在姑娘入水的瞬间接触到水面。另外四个也紧随其后,扑通通地跳进水里,就像几枚落水的石子。池水顷刻间变得白浪滚滚。随着五个花白的脑袋逐渐浮出水面,发出噗噗的声响,白浪也化作波纹,慢慢平息下来。阿格尼丝。玛丽。德尔德丽。伊夫琳。还有凯瑟琳。她们把眼睛里的氯水眨出去。她们看起来像要给彼此都捅一刀,但她们的脸上又挂着微笑,嘴里还在说,"刚才的水花真大,是不?池子里竟然还能剩下水"。

比尔并不是那么容易浮上来。比尔需要现场的救生员帮他一把,需要吸点氧,然后在重症病房待上一个周末。比尔活不到月底了。可怜的比尔。"针织茶话会"的女士们注意到他每况愈下的病情,也没有询问凯瑟琳泳池是否起了任何作用,如果有关那个外国姑娘的传闻具有任何真实性的话。玛丽尤其感到难过,因为她给了可怜的凯瑟琳希望。她以后要更谨慎地传递消息了。至少她要事先多斟酌一下。

　　凯瑟琳也感到难过,但她的内疚是不同的。也没有那么容易消除。她已经竭尽所能地帮助了比尔。但果真如此吗?或许她内心里自私的部分希望被神迹眷顾的是她自己。她的身体,藏着十四颗半结石的身体,已经抢在了她的善意之前。最先刺入水面的是她的脚后跟,然后是她的双腿、双臂、她患有关节炎的四肢将所有的医治能力都汲取了。她几乎是在一瞬间就感觉到了。她的脑袋里有一股热辣辣白花花的感觉,仿佛你不小心咬到了锡箔纸,身体的每一个细胞都在尖叫。哈利路亚,她被治愈了。唯一的问题是,比尔没有被治愈。她感觉好极了。但比尔却撒手人寰。而且凯瑟琳必须保密。她不能在"针织茶话会"提起,甚至不能私下向玛丽坦白。牧师挑选比尔葬礼上的赞美诗时,她也不能告诉牧师。公正地说,她不确定他是否想听。他是个非常典型的新教牧师。他很可能认为她当时是拉住了手的。不,凯瑟琳不能向任何一个蒙恩的灵魂坦白究竟在坦普尔莫尔泳池发生了什么。她无法为自己身上发生的神迹作见证,因为她为这场神迹感到无比羞愧。

From the window, me I can see everybody is here, and me I can see the place is also full. Mercy voice reach my ear before me I even go inside.

小旅馆的这日子

撰文　　梅拉图·乌切·奥科里（Melatu Uche Okorie）
译者　　于是

上午10∶26

透过窗口,我么[1]看到大家都来了,还看得出来这地方已经人挤人了。我么还没进去就听到默茜在嚷嚷。

"哎呦喂,"她说,"今儿一大早的那根白头发可把我吓坏了。"

我么听到大家都在笑。咋让我琢磨起来,她么是不是在谈变老的事?默茜又是在哪儿看到白头发的?因为她并没有呐么老呀。

我用背把门顶开,因为手里提着婴儿车,门太重了,光靠手我没法同时提车和推门。我还在费劲儿转身想面对大家呢,就听到我邻居的大嗓门,弗兰卡在大叫,"哎呀!看谁来了。"

---

[1] 作者在小说中首创了尼日利亚方言化的洋泾浜英语,比如"我"有时写作"me I"(试译为"我么"),"这"写作"dis"(试译为"咋"),"那"写作"dat"(试译为"呐"),"他们"或"她们"写作"dey"(试译为"他么"或"她么"),且有很多不符合正规语法的写法,但都不影响理解上下文。凡此种种,在翻译时稍作处理,恕不一一说明。力有所不逮之处还望海涵。

"疯——子！"我朋友恩戈齐在跟我打招呼，声音炸天响，还连连招手，让我站到她旁边去。我开始从所有人和所有婴儿车中间挤过去，手里还提着自个儿那辆。

"今天这儿人太多了，妈妈，"好不容易挤到恩戈齐身边后，我对她说，"但愿你帮我么拿号了。"

然后，我开始和每一个人拥抱：默茜，默茜的朋友邦小子妈妈，达约妈妈，弗兰卡。

"啊，你知道今天是星期一嘛，他们不许我为没到的人取号。"恩戈齐的嗓门和她的身材很相称。她的块头很大，她的嗓门也很大，听上去就像男人的声音。她喜欢把每个人都叫作"疯子"，我曾听到一些尼日利亚人背地里埋怨，说他们的名字不是"疯子"，他们的妈妈也不叫他们"疯子"，还说下一次她叫他么"疯子"时肯定会跟她讲清楚。我必须告诉你，我么才不在乎她叫我"疯子"呢。但你知道呐些个尼日利亚人的，他么时时刻刻都想干仗。

我么是来领我咋周的救济物资的，还有卫浴用品。在咋个廉价旅馆里，我们只能在星期一和星期二来食堂领东西。咋就是为什么有那么多人、那么多车。

我丈夫第一次见我咋样提着婴儿车时，他说："咋女人，婴儿车里又没有宝宝，你提着它干啥？"

"咋儿的人都咋么做！"我么对他讲。

但呐是过去了。现在，如果他再问我咋种问题，我么就会对他讲:"你一直坐在屋里看足球赛,你怎么会知道别人都怎么做?"

在我之前住过的廉价旅馆里,他么发物资不限定在星期几,但你领完这次后可能要等一个月才能领到下一次。也就是说,如果你今儿领到厕纸,搞不好要等到下个月才能领到下一卷。所以我很高兴他么在这儿每星期都发,但现在呢,我么也开心不起来了。直接配给物资的咋种事讲到底都一样,你懂吗,因为就算你每星期,或是每个月都能领到东西,讲到底还是别人把东西发给你。假使你能自己决定什么时候做什么事,那才算好。

但相比上一间,我么还是更喜欢咋间旅馆。因为我们在这儿都能住大套间,我么就能在里面辟出一角来,当作自用的小厨房,而且,洗浴间就在套间内,而且,我和丈夫可以有自己的床,我的两个女儿也各有各的床。在之前的那间旅馆,我们都得用公用厕所、公用浴室和公用休息室。所以,我么不像某些尼日利亚人那样对这间旅馆怨三怨四。

就在上星期,我么去洗衣房时在达约妈妈家门外看到她。她和弗兰卡在一起,站着聊天。我么就跟达约妈妈打招呼,说:"达约妈妈,你今天没去领东西吗?"我么不喜欢和弗兰卡聊太多,因为她老做一些让我生气的事。

"我不想每个星期一都费尽力气跑来跑去了,哎呦喂[1]。从这头跑到那头,从那头跑到这头,尽瞎折腾!"她回答我的样子像是在发火。

"我也是。"弗兰卡屁颠屁颠儿地跟上一句。她就喜欢跟着别人说,不管人家说什么她都赞同。

"去完洗衣房再去领物资,领完物资再去洗衣房查看衣服,看完衣服再去看医生,看完医生再去领食物,领完食物再去洗衣房看衣服。"达约妈妈掰着手指头数起来。"跑上跑下,跑下跑下,从早到晚!"

达约妈妈的个头咋么小,讲起话来却总像在吵架。现在我么算是了解她了,但在以前,假使我看到她和别人说话,总是裹着头巾的脑袋摇来晃去的,我总觉得她马上就会和他么吵起来。即便是现在,她的眼珠也滴溜溜乱转,讲话的时候把我从头到脚看了一遍。"我只做我能做的事,别的都留给上帝吧。"

我么表示同意,咋间旅馆的星期一早晨真是忙到疯死,因为每个人都想去领食物和厕纸什么的。但你可以星期二去,不过他们会告诉你:"我们的洗漱用品都发完了!"呐就没盼头了。

---

[1] 原文为尼日利亚语 o jare。

大家也都喜欢星期一去看医生。他么说星期一的家庭医生比星期二的好,因为前一位开的药更好。你去看医生的时候,有时会想到你需要为了什么事见见社会上的人,因为他么都在同一栋楼里,那些社会人可以随时挂出牌子,改变他么接待客户的时间。你忙活咋些事的同时还要留意洗衣房里的状况,因为你不想把上个周末的脏衣服留在家里。

有时,我会对自己说,星期一做完所有的事情并不好,因为咋样一来,你在别的日子里什么都不用做了,不过,懒洋洋地开始一星期也不好。

"谁发号码?"我问恩戈齐。她是我最要好的尼日利亚朋友,我么非常喜欢她。她像我一样自由自在地说话,谁也不在乎。我刚来这间旅馆时,别人就对我说过:"要小心尼日利亚人;不要和尼日利亚人交朋友;尼日利亚人喜欢惹麻烦,三天两头干仗;管理人员都不喜欢尼日利亚人。"

我住的上一间旅馆不是咋样的,凡事都是大家一起做。但我么还是很听话的,和自己人走得近,只和刚果人交朋友,只参加刚果人的聚会。但现在我么知道了,谁也不会彻头彻尾地好,也不会有什么人能像自己人那样对你使坏。所以,我么又开始和尼日利亚人交朋友了。如果她么对我不好,我就会让她们明白,我可不是为了受谁的气来欧洲的。现在,她么会笑着说"贝弗莱,你疯了",她么帮我做头发不收钱，帮我缝补衣服也会打个大折扣。现在，每个刚果人都来找我，口口声声说"贝弗莱，请你帮帮忙"，希望我帮她么和尼日利亚朋友搞好关系。

回答我的人是默茜。她指向恩戈齐身后的一个地方，对我说："你最好快点去拿你的号。然后回来，我再告诉你今儿早上我在身上的哪个地方看到了白头发。"

大家又笑起来。我朝恩戈齐身后看，看到了一个男人。他穿着旅馆保安穿的制服。

"我从没见过那个人。"我么说道。

"他新来的，我的妹妹。"达约妈妈用悲伤的语气告诉我，还摇了摇头，好像有什么事让她很失望。"我跟他聊过。他从那种假模假式的欧因伯[1]国家来。哎呀，我不太喜欢那些人！那些种族主义者都来了爱尔兰！"她往那个人的方位瞥了一眼，他手里拿着什么东西，她从牙缝里吸了一口气。

恩戈齐笑起来，推了推达约妈妈的小肩膀。"你这个女人，"她说，"你也太搞笑了。"

默茜看着达约妈妈的脸上不见一丝笑容。她以前对我说过，达约妈妈一把年纪了，真不该那样讲话。

我么又看看那个男人，他也看了看我，然后看向别处。

---

1 原文为尼日利亚语oyinbo，意为白种人，欧洲后裔，不属于非洲文化的人。

也许他感觉得到我们正在谈论他。尽管我不喜欢达约妈妈看那个男人的眼神,像是要干仗,但我没对她说什么。我么知道达约妈妈谁也不喜欢,对谁都要说三道四。

"那些穆斯林,我么太不信任他么了。我不会跟着他么做任何事。"

"呐个喀麦隆女孩,她可喜欢炫耀[1]了。我都不晓得她以为自己是谁。"

"刚果?他么那些疯子也去尼日利亚了!我们尼日利亚人啊只有一张嘴,但刚果人会举着刀子和你干仗。"

"东欧人都是假冒的欧因伯。"

"爱尔兰人也很冷漠。嘴巴对耳朵,小小声讲话,老是那样子。"

她好几次警告我要小心恩戈齐。她说:"千万要小心啊,伊博族[2]人是真正的毒蝎。只要你停下来看他么一分钟,不管你看到什么都只能顺服,就呐样。我喜欢你,所以才把咋些都跟你讲。"

她甚至警告我,要提防弗兰卡那样来自津巴布韦、肯尼亚、乌干达、南非的女人,她对我说:"在那些女人旁

---

[1] 原文为尼日利亚语shakara,出自尼日利亚歌手费拉·库蒂(Fela Kuti)一首发行于1972年的热门歌曲 *Shakara Olu Oje*,尼日利亚年轻人常用这个词。
[2] 伊博族(Igbo),西非尼日利亚主要黑人种族之一,为尼日利亚国内第三大族,亦称"伊格博人",约有三千多万人。

边，你最好留意你丈夫。她们骚得很。"

但我听大家说过，我么也知道她更讨厌贝宁人。我知道这个，因为她不喜欢默茜。她说："不管干什么，贝宁人都是一把好手。他么是最好的骗子，最好的罪犯，最好的妓女，抢人老公的最佳小三。"她跟我讲咋些时，还一边掰着手指头数，"这世上一切坏事情，都属他么干得最好。别让你认识的任何人嫁给贝宁人。我么，我是尼日利亚人，所以呐些事我都知道"。

我么从恩戈齐和另一个女人身边走开，去拿取物资的号。有一个、两个、三个、四个人在我之前走到了保安面前，所以我等着他一张一张地扯票，发给一个又一个人。他没有和任何人说过话。他只是扯了发，扯了发。那张票小得很，像你去摸彩时摸出来的那种。轮到我了，他扯了票发给我。我么看了看自己的号码，126。

就在这时，发物资的女人从她发物资的办公室里走了出来，站到门口。她穿着白外套，很像医院的护士们穿的那种，我么听得到她外套口袋里钥匙碰撞的轻响。她是个咋么胖的女人，食堂的经理。她没和新保安说什么，但他看到她呐样站在那儿时好像有少少害怕。他看着手里的票本，赶紧开始叫号。他是个很高的男人，看上去简直能当食堂经理的爸爸了。

"十八号？十八号？"

不知道为什么,但我么替这个保安难过起来。我看得出来,他喊得不好,不够响,没法让大家都听到他的声音,所以我么就开始帮他喊。

"丝——八号!丝——八号!"我喊得很大声,因为食堂里人声鼎沸,很多人凑成小圈子正聊得欢。很快,其他人加入我的行列,开始喊这个数字。

"丝——八号!丝——八号!"

紧接着,我么就看到经理扬手让保安过去,我就不喊了,看看她要做什么。保安朝她站的地方走去。他把头压得咋么低,好像因为噪音太大声了。经理对他小小声讲了几句,我么听不到,然后她就转身回办公室了。看她的表情,好像对新保安、对大家齐声喊号的场面都不太满意。保安把手里的票本合起来,塞进了他的外套口袋,然后他就不再跟我们一起喊"丝——八号!"了。

就在这时,一小群人拍起手来。有个男人走向他要领物资的那个窗口。他把一只手高高举起,手里捏着18号的票。那是个索马里人。他戴着眼镜,脸上挂着笑容,好像有人在他做什么不好的事情时逮住了他,所以他很不好意思。我飞快地看向达约妈妈,索马里男人走过她身边时,她也呐样从头到脚地打量他,等他走过去,她转身对别的女人说了些什么,大家都笑了。一看到咋样,我么就赶紧回她么那儿去。

"指天发誓,没有啦,那都是我听人家说的。"我拿着票回来的时候听到恩戈齐说道。

"你怎么知道那是真的?"默茜问她。

"哎呀哎呀,我亲耳听到电视里的呐女孩说的啦!"恩戈齐这么说,像是要让默茜小小地恼火。她举起拿着票的手,冲我摇了摇,表示快轮到她去拿东西了,随后就走开了。

"最近我的大部分消息也是看真人秀节目得来的。"默茜的朋友,邦小子妈妈,用轻柔的声音说道,好像在打圆场。

"不只是你,我亲爱的妹妹,"达约妈妈把双手交叉在胸前,叹了口气,"要拿男人怎么办?没工作,什么都没。他么成天到晚看的都是电视里的人。"

"你能帮我搞懂吗,"默茜说着,搭住邦小子妈妈的手臂,"为什么恩戈齐把她在电视上听到的话说得就像她从医生那儿听到的那样?"

"出什么事儿了?"我么问默茜,"你们在说白头发?"

"啊,求求你了,别再让我们说那根白头发的事了。"达约妈妈边说边摇头。

"恩戈齐刚刚跟我们讲,她听《主妇真人秀》里的一个女人说,吃山药能增强生育力。"回答我的是邦小子妈妈。"你知道那个节目,对吧?"她面带忧虑地问我。

"噢,我么知道那档节目的。"我回答。我非常喜欢邦小子妈妈,因为她讲话的样子和别人不一样。"但我没有追着看。那节目里的事情我都不太懂。"

"啊,我也不!他么讲的英语,我么一丁点儿都听不懂。"达约妈妈说着,从牙缝里嘶了一口气。

邦小子妈妈飞快地瞄了一眼默茜,好像她为达约妈妈说的话感到抱歉。恩戈齐跟我说过好多次,邦小子妈妈没有自信,她丈夫在家里欺负她。但我么不同意恩戈齐的说法。邦小子妈妈很温柔,她尊重别人,不喜欢干仗。除此之外,我么还敢说,邦小子妈妈上的是正规学校,所以我么认为没有哪个男人能欺负她。

"呐啥意思?生育力?"我问邦小子妈妈。

邦小子妈妈等了一小会儿,好像在确定默茜不会先开口,然后才开始回答我。"我想,生育力的意思就是女人可以生宝宝。"她又看了看默茜,像是要看看默茜想不想说什么,但默茜没在看她。

"噢,那么,恩戈齐知道山药可以帮女人生孩子,她竟然没有跟我讲?她明明知道我么很想帮我丈夫生出个男宝宝。"

"恩戈齐怎么会知道你这把年纪还想要孩子呢!"弗兰卡冲我喊道,呐让我很火大。她老是咋样说话,好像她什么都知道,但我么很清楚她只是装作无所不知罢了。

"不,不,不,妈妈,"我么也冲弗兰卡喊道,"为什么我这个岁数就不能要孩子?有什么问题吗?"

"你明白我的意思了吧?"默茜说着,揽住我的肩膀,好像让我别再生气了。"贝弗莱什么都没问就信了山药的事。"

"啊,电视里呐女人没有吃山药?"

默茜用她的另一只手捂住嘴,好像想用这只手拦住笑声冲出来,但她的肩膀却小小地抖起来。

"贝弗莱呀贝弗莱,"她隔了一小会儿说,"电视里的人并不都知道自己在说什么。"

"电视是我们现代生活里的流行文化。"邦小子妈妈说着,对我微笑。

我么也对她微笑。我不明白她在说什么,但我么就是喜欢她讲话的样子。

"你们知道《主妇真人秀》里的那个女人吗?"默茜停下来,一个一个看我们的脸,像是要告诉我们什么大事情。"就是她,她说他么一年有265天。"

"OMG!真想不到!"弗兰卡喊道,好像默茜讲的是很坏很坏的事。她有时喜欢表现得像个小女孩,还会模仿默茜和邦小子妈妈,因为默茜以前在伦敦住过,邦小子妈妈说的是正宗的英语。达约妈妈跟我说过,弗兰卡和我一样都是四十四岁,只不过她没孩子,也没丈夫,如果女人没孩子,或是没丈夫,就很难判断她的年龄。这就是为什么我么尽量不和弗兰卡做朋友,因为我么必须管好我丈夫。

"该有多少天?"达约妈妈问弗兰卡,这倒是替我问了。

"应该是365天。"回答她的人是邦小子妈妈。

"或者366,取决于……"默茜说道,邦小子妈妈咋么飞快地点点头。

"为什么还要取决?"我么问,直视弗兰卡。

我么想看看她知不知道答案,是不是和她喊"OMG"的样子一样,但她压根儿没在看我。她只是咋么低着头,好像在忙什么。

"2月份有时有29天。"回答我的又是邦小子妈妈。

"对呀,对呀。"达约妈妈边说边点头,噘起嘴唇。咋让我动起脑筋来,也许她已经厌倦谈论电视节目了。我么也开始厌倦电视里讲的那些了。

"你知道吗?"默茜又讲起来,好像她刚刚想起什么。"我认为《主妇真人秀》中的那个女人从没听说过甘地。"

"呐谁啊?"我问她。"我们刚果没咋种名字。"

"是个男人!"达约妈妈飞快地回答我,还用她的肩膀撞撞我的肩膀。她不想让我和默茜继续谈论电视里讲的那些。

"那《老大哥》里的那个大哥呢?他叫什么来着?他从没听说过莎士比亚!"默茜说着,朝每个人看,但每个人都盯着默茜,不说话。达约妈妈翻了个白眼,开始抖着脚

285

尖踩地板。我么看得出来，她现在真的很烦跟默茜交谈了。

"什么?!"

恩戈齐的叫声把我们所有人都吓了一跳，她领完物资回来了，提着一只利德连锁超市的大袋子。站在我们旁边的一个男人走开了几步。这声大叫让他很不高兴。

"那是什么样的蠢男孩啊?"恩戈齐说。"你们在刚果没听说过莎士比亚吗，贝弗莱?"她问我。

"哎呀，我么老早以前就在刚果听说过莎士比亚了，很久很久以前在刚果。"

一时间，大家都讲起莎士比亚，只有达约妈妈没开口。她正忙着看恩戈齐的袋子，她是在数袋子里总共有多少物资。我么不得不说，我也小小看了一眼，我么看到了两盒米花糖，两盒玉米脆片，一包糖，一盒里昂茶包。我么看不到下面还有什么，但我么看得出来，达约妈妈很想看清楚下面呐有什么。她大概很想知道恩戈齐领到的东西会不会比她多。我么知道有些人来食堂只是为了看看咋个人或呐个人领到了什么，看完之后，他么就有借口去和工作人员吵架了。我么为了咋个和恩戈齐发过牢骚，但她的看法和我不一样。她说，大家都是平等的，工作人员为什么不给大家发一样的东西呢? 她说，在咋种地方，给某些人开小灶就等于飞快地挑起事端。

"你猜怎么着?"恩戈齐说，"我丈夫说他在看一个节目……"

默茜抬起手,让恩戈齐先别说话。我们都安静下来听。保安开始喊另一个号码。每个人都看了看自己手里的票,但我们这几个人里没有呐个号。

"我还是过去吧,"默茜指了指她的票。"很快就轮到我了。"

"呃,就像我刚才说的,"恩戈齐又开始讲她的事,"我丈夫在看的这档节目……"

"咋号码走得也太慢太慢了。"咋次打断恩戈齐讲话的是达约妈妈。

"你还指望啥?"弗兰卡小小声地说着,指了指发放物资的窗口。"只有两个人在发。"

我么顺着弗兰卡的手,看到窗口里面只有经理和另一个工作人员。还有两个可以发物资的窗口里都没有人。

"咋么多号,只有两个人在发?"我么惊讶地喊道。

"他么那几个在外面抽烟呢。"达约妈妈点点头,好像知道很多我们不知道的事。"抽完烟,他么就去休息了。爱尔兰人就咋样对付你!"

"可是,为什么要让大家耗在这儿瞎耽误工夫?"我么小小生气地问道,"我么领完东西还得去洗衣服呢。"

"我丈夫说有个十九岁的男孩连字母表都认不齐。"恩戈齐又开始讲她的事。但我么没听她说,因为咋个早上我么有很多事情要做，可她已经领完物资了。

"十九岁！"恩戈齐继续讲，连连摇头，好像很难理解她正在讲的事。"我丈夫说几个主持人都在笑。他们觉得那很滑稽。"

看到没人理睬恩戈齐，我么有一点点为她难过。

"咋儿的小孩们啥也不懂，妈妈。"我么对她说。

"他们都是疯子！"恩戈齐说，大笑起来。

"他么是真疯，妈妈。"我说着，跟她一起笑。

就在这时，恩戈齐看到一个男人从窗口取出一罐蜂蜜。她转身看向我，"呃，贝弗莱，"她说，"我有东西忘了拿。我等下再来。"说完，她赶紧回到发物资的窗口。默茜也站在窗口旁边。我么看到恩戈齐对默茜说了些什么，默茜就为她让出路。工作人员来到窗口，我么看到恩戈齐对她说了些什么。她低头看了看前面的清单，对恩戈齐说了些什么。恩戈齐又回了她几句。

"你以为你是谁？"我么听到工作人员冲恩戈齐大叫起来。每个人都听到工作人员吼恩戈齐了，大家都安静下来，听她们讲话。就连默茜也看着恩戈齐，好像在等她回答。

"你又以为你是谁？"恩戈齐反问道，边说边指着工作人员。我么看到经理从她那个窗口走开，走到恩戈齐和工作人员争论不休的这个窗口。

"恩戈齐要干仗了吗？"弗兰卡这么问，好像我们所有人看到的不是同一个场面。

"听好了,恩戈齐,我们没有给任何人发蜂蜜的权限。"经理对恩戈齐说,好像她没心情,不想说太多话。

"那她为什么给那个人蜂蜜?明明是我先提出要求的!你们这些人总是这么办事!你们总是看人头给这个给那个,想给谁就给谁。凭什么呀?"恩戈齐现在说话的声音震天响。

新保安走过来,站到恩戈齐身后,但他没说什么,也没做什么。我么一看呐样子,就明白他真的是新来的。别的保安看到有人和工作人员吵架,二话不说就会把人带走。

"好吧,那是我们最后一罐蜂蜜,刚刚发完。"经理回答恩戈齐,所有人都看得出来她在撒谎,但恩戈齐拿她没办法。

"你们最好给我找一罐来,因为我领不到蜂蜜就不走了。"恩戈齐对她说,抄起胳膊。我么等着,想听经理怎么应对恩戈齐,结果她只是往后退。她把人们领完签名的清单推到一边去,然后把一半窗扇关上。她再走到另一边,把另一半窗扇也关上了。

恩戈齐跑到第二个窗口,但经理也过去,把呐个窗口也关上了。然后,她和工作人员走出了发物资的办公室,从她的衣袋里掏出一串钥匙,开始锁门。

所有人一看到咋情景都叫起来。"你们不能因为一个人就锁门啊。我们已经在这儿等了很久了。你这是什么意思？"

但经理对谁都没言语。咋让大家的火更大了，他么开始冲着恩戈齐喊。

"没有蜂蜜，为什么不拿糖？"

"糖和蜂蜜不都一样吗？"

"这些女人就是喜欢惹麻烦。"

下午12：01

渐渐地，大家都开始往外走，因为他么看出来经理不打算改主意，也不会打开办公室继续发物资了。先是默茜和邦小子妈妈，再是弗兰卡和达约妈妈，都走了。现在，我么看到食堂外面有新来的人排队，准备吃午饭了。我提上空无一物的婴儿车，推开食堂门。我没吭声，走出去的时候很伤心。恩戈齐是我在咋间旅馆里最要好的朋友，但我不得不抛下她。从窗外看进去，我么仍能看到她独自站在食堂里，为她的蜂蜜而战。

I	The World of the Stories	Yan Ge
001	Three Love Stories	Cathy Sweeney
011	All the People Were Mean and Bad	Lucy Caldwell
037	Gloria and Max	Wendy Erskine
049	Show Them a Good Time	Nicole Flattery
087	Latitude of Silence	You Li
103	Horses	Eoin McNamee
117	A Shooting in Rathreedane	Colin Barrett

151	Would It Kill You to Bury My Father?	Lisa McInerney
163	Fjord of Killary	Kevin Barry
190	The Wandering Rocks	Niamh Cunningham
201	In Silhouette	Louise Kennedy
229	A Partial List of the Saved	Danielle McLaughlin
255	Troubling the Water	Jan Carson
271	This Hostel Life	Melatu Uche Okorie

撰稿人

颜歌，小说家，本名戴月行，1984年生于四川成都。她的中文作品包括长篇小说《我们家》《五月女王》和短篇小说集《平乐镇伤心故事集》等。她曾获华语文学传媒大奖年度潜力新人奖、茅盾文学新人奖、四川文学奖等奖项，并被《人民文学》提名为"未来大家top20"之一。她的作品被翻译成英文、法文、德文等十一国语言出版，两次获得英国笔会翻译奖（English PEN Translates Awards），还获得过2021华威女性翻译文学奖（The Warwick Prize for Women in Translation）银奖以及2021年《纽约时报》年度关注图书（*The New York Times* 100 Notable Books of 2021）。她是2019年国际都柏林文学奖（International Dublin Literary Award）的五位评委之一，又于2021年作为终审评委参与了爱尔兰桂冠小说家（Laureate for Irish Fiction）的评选。目前，她在英国国家写作中心（National Centre for Writing）教写作课，也是英国利兹大学当代华语研究中心的作家大使。
英文作品发表在《纽约时报》（*The New York Times*）、《泰晤士报文学副刊》（*The Times Literary Supplement*）、《爱尔兰时报》（*The Irish Times*）、《刺人虻》（*The Stinging Fly*）、《砖》（*Brick*）等，并入选了爱尔兰图书奖（Irish Book Awards）年度短篇小说的长名单。2020年，她获得了东英吉利大学的创意写作艺术硕士学位，以一等荣誉毕业。首部英文短篇小说集*Elsewhere*将由英国费伯出版社（Faber&Faber）和美国斯克里布纳之子出版社（Charles Scribner's Sons）在2023年出版。

彭伦，群岛图书出版人、文学编辑、版权代理人。出版科尔姆·托宾、丹尼斯·约翰逊、多梅尼科·斯塔尔诺内、萨莉·鲁尼等各国作家的作品，曾参与策划出版"短经典""出版人""巴黎评论·作家访谈"等书系。2017年获得单向街·书店文学奖"年度编辑"称号。翻译有菲利普·罗斯作品《遗产》《凡人》,以及《我与兰登书屋》《天才的编辑》《世界在书店中》等。因翻译作品《我信仰阅读——传奇出版人罗伯特·戈特利布回忆录》获深圳读书月"年度致敬译者"称号。

凯茜·斯威尼(Cathy Sweeney),都柏林作家,近四十岁才开始写作,2020年全职写作前,在中学担任英语教师二十年。2020年出版了首部短篇小说集《现代》(*Modern Times*)。目前正在创作首部长篇小说。

周嘉宁,作家、英语文学译者。出版有短篇小说集《基本美》,长篇小说《密林中》《荒芜城》等。译有艾丽丝·门罗《我年轻时的朋友》、珍妮特·温特森《写在身体上》、弗兰纳里·奥康纳《好人难寻》、罗恩·拉什《美好的事物无法久存》等。最新作品是中篇小说集《浪的景观》。

露西·考德威尔(Lucy Caldwell),北爱尔兰小说家、剧作家。1981年生于贝尔法斯特(Belfast),毕业于牛津大学和伦敦大学金匠学院。已出版五部长篇小说和两部短篇小说集,还创作了多部舞台剧和广播剧。2021年,短篇小说《所有人都刻薄又邪恶》("All the People Were Mean and Mad")获BBC国家短篇小说奖(BBC National Short Story Award)。最新作品是2022年出版的长篇小说《这些日子》(*These Days*)。

刘伟,出生于1982年,北京大学比较文学硕士及公共管理博士,先后供职于北京大学及国家电网,现为自由撰稿人、译者。译有詹姆斯·索特《这一切》,正在翻译露西·考德威尔的两部短篇小说集。

温迪·厄斯金(Wendy Erskine),贝尔法斯特小说家,已出版两部短篇小说集《甜蜜的家》(*Sweet Home*)和《舞步》(*Dance Move*)。《甜蜜的家》被《卫报》(*The Guardian*)、《白色评论》(*The White Review*)、《观察家报》(*The Observer*)、《泰晤士报文学副刊》等媒体选为"年度好书"。

柏栎,编辑、译者。译作有科尔姆·托宾的《大师》《布鲁克林》《母与子》《空荡荡的家》《诺拉·韦伯斯特》《黑暗时代的爱》《魔术师》等。

妮科尔·弗拉特里（Nicole Flattery），1989年生于爱尔兰中部小镇马林加（Mullingar），毕业于都柏林圣三一学院戏剧与电影系，又获得该校的创意写作硕士学位。大学毕业后，妮科尔·弗拉特里在酒吧、贺卡店打零工，开始在《刺人虻》《白色评论》等文学杂志发表短篇小说。2017年，短篇小说《轨道》("Track")获得《白色评论》短篇小说奖（The White Review Short Story Prize）。2019年出版了首部短篇小说集《欢迎光临》（*Show Them a Good Time*）。现居戈尔韦（Galway）。

游莉，摄影师，生活工作于中国沈阳。

约恩·麦克纳米（Eoin McNamee），小说家、编剧。1961年生于北爱尔兰唐郡（County Down）的基尔基尔（Kilkeel），目前住在爱尔兰西部的斯莱戈（Sligo）。长篇小说《盗尸者》（*Resurrection Man*）被改编成同名影片，《蓝色探戈》（*Blue Tango*）曾入围布克奖（The Booker Prizes）。约恩·麦克纳米还创作青少年小说和间谍小说。

方铁，文学编辑。译有埃特加·凯雷特《美好的七年》《银河系边缘的小失常》、F.斯科特·菲茨杰拉德《我愿为你而死》、瓦尔特·本雅明《讲故事的人》等作品。

科林·巴雷特（Colin Barrett），短篇小说家。1982年生于爱尔兰西部的梅奥郡（County Mayo）。2013年出版的首部短篇小说集《格兰贝的年轻人》（*Young Skins*）得到文坛广泛好评，先后斩获弗兰克·奥康纳国际短篇小说奖（Frank O'Connor International Short Story Award）、鲁尼爱尔兰文学奖（Rooney Prize for Irish Literature）和《卫报》首作奖（The Guardian First Book Award）。2022年出版了第二部短篇小说集《怀乡》（*Homesickness*）。

亚可，自由译者，译有《格兰贝的年轻人》《葡萄牙的高山》《重新派遣》等。

莉萨·麦金纳尼（Lisa McInerney），小说家、编剧和编辑。1981年生于爱尔兰戈尔韦郡首府戈尔韦市的劳工阶层家庭。著有三部长篇小说《光荣的异端》（*The Glorious Heresies*）、《血的奇迹》（*The Blood Miracles*）和《揭秘的规则》（*The Rules of Revelation*）。其中2015年出版的《光荣的异端》获得

2016年英国女性小说奖（Women's Prize for Fiction）和德斯蒙德·艾略特奖（The Desmond Elliott Prize）。2022年，莉萨·麦金纳尼出任爱尔兰重要文学杂志《刺人虻》主编。

凯文·巴里（Kevin Barry），1969年生于爱尔兰西部的利默里克（Limerick），现居斯莱戈，著有三部短篇小说集和三部长篇小说。首部长篇小说《博海恩城》（*City of Bohane*）讲述2053年一个被黑帮控制的爱尔兰西部城市的故事，荣获2013年国际都柏林文学奖。2019年，第三部长篇小说《去丹吉尔的夜航船》（*Night Boat to Tangier*）入围布克奖。凯文·巴里善于运用方言俚语写作，是爱尔兰当代文坛中坚力量。

倪芙瑞莲（Niamh Cunningham），视觉艺术家，已经在北京工作了十多年。她的作品对生态环境有着深刻的见解，并与集体转变这一主题相关。她主要从事绘画，也采用综合媒材和摄影工艺开发新技术，比如她的作品"蔗糖系列"。倪芙瑞莲于2010年在布拉格开始创作肖像系列，多幅肖像作品多次在各地展出，她在其肖像作品中探索已知与未知、认知与感知二者之间的空间。光线与透明度常常是其作品特色。在迪拜举办的两次个人展览确立了倪芙瑞莲在城市景观和水域景观绘画领域的声誉。倪芙瑞莲一直积极参与在中国举办的跨文化艺术项目，2012—2016年，在北京和上海举办的中国爱尔兰文化节"爱尔兰浪潮"系列展览，她是联合策展人；2015年10月，展览"私密的伤痕"北京站在798艺术区映画廊举办，她是北京联合策展人。

路易斯·肯尼迪（Louise Kennedy），小说家。在北爱尔兰唐郡的霍利伍德（Holywood）长大。在成为作家前，路易斯·肯尼迪做过近三十年的厨师。她的短篇小说在2019年和2020年连续入围《星期日泰晤士报》短篇小说奖（The Sunday Times Short Story Award），著有短篇小说集《世界的尽头是断头路》（*The End of World is a Cul de Sac*）和长篇小说《侵入》（*Trespasses*）。目前她和家人住在斯莱戈。

何雨珈，自由译者和半吊子撰稿人。有猫。译有多部作品，如《鱼翅与花椒》《东北游记》《再会，老北京》《看不见的美国》《当呼吸化为空气》《东京绮梦》等。

丹妮尔·麦克劳克林（Danielle McLaughlin），短篇小说家，来自科克郡

(County Cork)。原是律师,后来因病不得不放弃这份工作,四十岁开始创作小说。2015年出版首部短篇小说集《异星恐龙》(*Dinosaurs on Other Planets*)。近年来,她的短篇小说获得越来越多的奖项,包括威廉·特雷弗/伊丽莎白·鲍恩国际短篇小说竞赛(William Trevor/Elizabeth Bowen International Short Story Competition)、温德姆-坎贝尔奖(Windham-Campbell Prizes)等。2019年,短篇小说《部分获救者名单》("A Partial List of the Saved")获《星期日泰晤士报》短篇小说奖。2021年出版了首部长篇小说《坠落的艺术》(*The Art of Falling*)。

金逸明,80后。在上海市第三女子中学和复旦大学度过了三十岁前的大部分时光。复旦大学英文系本科和硕士毕业后,留本校大学英语教学部任教,直至2012年辞职赴美。曾获中美福布赖特外语助教项目2010—2011年奖学金;都柏林圣三一学院文学翻译中心2017—2018年驻院文学译者。现在她和丈夫、四只猫、一只狗一起生活在费城西郊。译有《艺伎回忆录》《第十三个故事》《夜晚马戏团》《小报戏梦》《耶路撒冷,一个女人》等。

简·卡森(Jan Carson),1980年生于北爱尔兰北部的巴利米纳(Ballymena),现居贝尔法斯特。2014年出版首部长篇小说《马尔科姆·奥林奇失踪了》(*Malcolm Orange Disappears*),随后出版短篇小说集《孩子的孩子》(*Children's Children*)和两部微型小说集。她的第二部长篇小说《引火物》(*The Fire Starters*)获得欧盟文学奖(European Union Prize for Literature)。简·卡森也为社区老年人组织文化艺术活动。

马丹,英文译者,译有《我体验真理的故事:甘地自传》、《我与书的奇异约会》、希拉里·曼特尔《学说话》、约翰·勒卡雷《微妙的真相》、帕特里夏·海史密斯《水魅雷普利》等。

梅拉图·乌切·奥科里(Melatu Uche Okorie),尼日利亚裔爱尔兰作家。1975年生于尼日利亚埃努古(Enugu),2006年带着襁褓中的女儿搬至爱尔兰生活至今。2018年出版的首部短篇小说集《小旅馆的这日子》(*This Hostel Life*)向爱尔兰读者展现了非洲裔移民的边缘生活,引起关注,被爱尔兰国家歌剧院改编成歌剧。目前她正在都柏林圣三一学院攻读教育学博士学位。

于是,作家、译者,著有《查无此人》等小说和散文,译作包括奥尔加·托卡尔丘克、玛格丽特·阿特伍德、珍妮特·温特森、威廉·特雷弗、保罗·奥斯特、斯蒂芬·金等诸多作家的作品三十余种。最新出版的作品是与林晓桦合著的《有且仅有:一个自闭谱系家庭的回忆与未来》。

图书在版编目（CIP）数据

单读.32,寻找救生艇：爱尔兰文学特辑/吴琦主编. -- 上海：上海文艺出版社，2022（2023.3重印）
ISBN 978-7-5321-8468-2

Ⅰ.①单… Ⅱ.①吴… Ⅲ.①社会科学—文集②小说集—爱尔兰—现代 Ⅳ.①C53②I562.45

中国版本图书馆CIP数据核字(2022)第164164号

发 行 人：	毕　胜
责任编辑：	肖海鸥
特约编辑：	何珊珊　赵芳　罗丹妮
书籍设计：	李政坷
内文制作：	李俊红　李政坷

书　　名：	单读.32,寻找救生艇：爱尔兰文学特辑
主　　编：	吴　琦
出　　版：	上海世纪出版集团　上海文艺出版社
地　　址：	上海市闵行区号景路159弄A座2楼　201101
发　　行：	上海文艺出版社发行中心
	上海市闵行区号景路159弄A座2楼206室　201101　www.ewen.co
印　　刷：	山东临沂新华印刷物流集团有限责任公司
开　　本：	787×1092　1/32
印　　张：	9.375
插　　页：	13
字　　数：	120千字
印　　次：	2022年12月第1版　2023年3月第2次印刷
ＩＳＢＮ：	978-7-5321-8468-2 / I.6682
定　　价：	56.00元

告 读 者：如发现本书有质量问题请与印刷厂质量科联系。